24가지 흔적을 찾는 살금살금 곤충도감
누가 범인일까?

초판 1쇄 발행 2021년 6월 17일 초판 2쇄 발행 2022년 5월 6일

글·사진 신카이 다카시
한국어판 감수 장영철
옮긴이 곽범신

펴낸이 이승현
편집3본부장 최순영
교양학습팀장 김솔미
편집 손민지
디자인 천지연

펴낸곳 ㈜위즈덤하우스 출판등록 2000년 5월 23일 제13-1071호
주소 서울특별시 마포구 양화로 19 합정오피스빌딩 17층
전화 02) 2179-5600 홈페이지 www.wisdomhouse.co.kr 전자우편 kids@wisdomhouse.co.kr

MUSHI NO SHIWAZA ZUKAN
Copyright ⓒ 2021 Takashi Shinkai
Original Japanese edition published by Shonen Shashin Shimbunsha Inc.
Korean translation rights arranged with Shonen Shashin Shimbunsha Inc.
through The English Agency (Japan) Ltd. and Danny Hong Agency

* 이 책의 한국어판 저작권은 대니홍 에이전시를 통한 저작권사와의 독점 계약으로 ㈜위즈덤하우스에 있습니다.
* 저작권법에 의해 한국 내에서 보호를 받는 저작물이므로 무단전재와 복제를 금합니다.

ISBN 979-11-91583-76-2 76490

* 이 책의 전부 또는 일부 내용을 재사용하려면 반드시 사전에 저작권자와 ㈜위즈덤하우스의 동의를 받아야 합니다.
* 인쇄·제작 및 유통상의 파본 도서는 구입하신 서점에서 바꿔드립니다.
* 책값은 뒤표지에 있습니다.
* 이 책의 사용 연령은 8~13세입니다.

24가지 흔적을 찾는 살금살금 곤충도감

누가 범인일까?

신카이 다카시 글·사진 | 장영철 한국어판 감수 | 곽범신 옮김

위즈덤하우스

시작하며

곤충이 식물의 잎이나 가지, 열매를 먹거나 깨물면 자국이나 구멍이 남습니다. 이 자국이나 구멍이 바로 곤충이 남긴 '흔적'이지요. 곤충이 똥을 누면 이파리나 땅바닥에 남습니다. 그러니 똥 역시 곤충이 남긴 흔적이랍니다. 곤충이 남긴 흔적을 찾아다니다 보면 이 밖에도 다양한 흔적이 눈에 띌 거예요. 잎을 돌돌 말아서 만든 둥지나 진흙으로 항아리처럼 빚은 둥지는 마치 예술 작품처럼 멋진 흔적이지요. 흔적의 생김새나 눈에 잘 띄는 장소에는 특징이 있는데, 이런 특징을 살펴보면 흔적을 남긴 곤충의 정체를 알게 됩니다. 곤충이 남긴 흔적은 이 곤충이 어떻게 살아가는지를 알려준다고도 볼 수 있지요. 이 책에서는 풀이나 나무 등에서 찾아볼 수 있는 곤충들이 남긴 흔적을 소개합니다.

차례

시작하며/차례	2
이 책의 사용법	3
참고	4
곤충의 24가지 흔적	5
곤충의 흔적 목록	8
・그물	12
・터널	20
・구멍	24
・콩알	32
・야금야금	40
・혹	52
・진흙	60
・창문	70
・줄기	78
・점점	84
・텐트	88
・삐죽	96
・책	102
・두루마리	118
・굴	132
・물가의 흔적	144
곤충의 흔적, 어른벌레 도감	158

흔적 모음집

①알	22
②똥	38
③고치	50
④벌레혹	58
⑤벌집	68
⑥허물	86
⑦거미집	142
⑧비슷한 흔적	156

색인
  벌레 및 여러 생물들
  식물
  벌레혹

▌이 책의 사용법 ▌

이 책은 곤충이 남기거나 만들어 둔 흔적을 24가지로 나눠 소개하고 있습니다. 이 책은 곤충이 남긴 흔적의 특징에 따라 그물이나 야금야금 등의 이름을 붙여 흔적들을 자세히 소개하는 부분과 알이나 똥 등의 흔적을 한데 모은 모음집으로 나뉘어 있습니다. 이 책에서 소개하는 곤충은 거미, 달팽이 등을 포함해, 230가지 이상의 생물이 등장합니다.

곤충이 남긴 특징으로 소개하는 16가지 흔적

곤충이 남긴 흔적의 생김새를 특징에 따라 그물이나 야금야금, 창문 등 16가지로 나눴습니다. 이 분류 방식이나 흔적의 특징 이름은 이 책의 작가가 생각한 것으로, 따로 정해진 분류 방식은 아닙니다. 흔적에는 다양한 형태가 있으며 그중 16가지에 끼워 맞추기 어렵거나 헷갈리는 것도 있습니다. 또한 두 가지 이상의 흔적의 특징이 뒤섞인 것도 있지요. 곤충이 이 흔적을 무엇 때문에, 어떻게 만들었는지, 어떤 장소에 남겼는지 꼼꼼하게 살펴보세요. 그러면 어느 흔적에 더 맞는지 쉽게 이해할 수 있답니다. 일 년 중에도 정해진 때에만 볼 수 있는 흔적이 대부분이며 흔적이 생겨난 뒤 시간이 지나면서 생김새가 달라지는 것도 많습니다. 이런 경우는 가장 쉽게 눈에 띄는 때의 생김새에 따라 해설에 자세히 설명했습니다. 또한 물가의 흔적에는 강이나 연못과 같은 곳에서 찾아볼 수 있는 흔적이 정리돼 있습니다.

8가지로 나눠 볼 수 있는 흔적 모음집

알, 똥, 고치, 벌레혹, 벌집, 허물, 거미집, 비슷한 흔적 등 8가지로 나눠 소개하고 있습니다. 곤충이 남긴 특징으로 소개하는 16가지 흔적 부분보다 흔적 모음집이 오랫동안 관찰하기 좋습니다. 여기에 나오는 흔적의 생김새도 무척 독특해서 눈에 잘 띄지요. 곤충이 남긴 흔적일까? 싶다가도 알고 보면 다른 동물이나 균류 따위가 남긴 것도 있답니다. 이런 흔적들은 '비슷한 흔적'에 소개했습니다.

참고
이 책의 사용법을 자세히 소개합니다.

곤충이 남긴 특징으로 소개하는 16가지 흔적

핵심 해설
이 주제에서 소개하는 흔적의 특징을 설명했습니다.

누가 그랬을까?
흔적의 정체나 남긴 목적 등을 설명했습니다.

도움이 되는 정보
천적이나 흔적을 흉내 내는 곤충 등을 포함한 흔적에 관한 정보와 자세한 지식을 담았습니다.

색깔로 나눈 흔적의 종류
흔적을 남긴 주인공은 애벌레이며, 어른벌레의 모습도 간혹 담고 있습니다. 어른벌레는 158쪽에서 보다 자세히 설명했습니다.

조건별 아이콘
● 찾아볼 수 있는 때
● 찾아볼 수 있는 나라
● 찾아볼 수 있는 환경

🔍×1 실제 크기

ONE POINT 곤충의 흔적에 관한 지식이 한 층 깊어지는 간단한 도움말 등을 소개했습니다.

8가지로 나눠 볼 수 있는 흔적 모음집

핵심 해설
이 주제에서 소개하는 흔적의 특징을 설명했습니다.

색깔로 나눈 흔적의 종류
흔적을 남긴 주인공은 애벌레이며, 어른벌레의 모습도 간혹 담고 있습니다. 어른벌레는 158쪽에서 보다 자세히 설명했습니다.

곤충의 24가지 흔적

이 책에서 다루는 '곤충이 남긴 특징으로 소개하는 흔적'과 '흔적 모음집'을 모두 합친 24가지 흔적에 대해 소개합니다.

그물
이파리가 그물처럼 촘촘하게 뚫린 모습이며 마치 실 같은 그물입니다.

터널
나무나 풀의 줄기에서 찾아볼 수 있는, 작은 나무 조각이나 흙으로 만들어진 기다란 띠입니다.

구멍
땅바닥이나 나무줄기, 이파리나 나무 열매에서 볼 수 있는 구멍입니다. 지름이 최소 3㎜ 이상이며, 크기는 다양합니다.

콩알
나무줄기나 가지 등에 툭 튀어나온 알갱이이며, 사실은 곤충의 똥이랍니다.

야금야금
이파리의 테두리나 가운데를 벌레가 야금야금 갉아먹은 흔적입니다.

혹
이파리나 나무줄기 등에 볼록하게 부푼 혹입니다. 곤충이 열심히 식물에 만들어 놓은 혹이지요.

🌐 진흙
항아리 모양으로 진흙을 빚은 흔적입니다.

창문
이파리의 표면이 벗겨져서 창문처럼 투명해진 흔적입니다. 창문을 몽땅 찢으면 그물이 됩니다.

줄기
나무나 풀의 줄기, 잎맥에 길게 생긴 자국이며, 색깔은 변한 모습입니다.

점점
굵은 바늘로 찌른 듯한 지름 2㎜ 이하의 구멍이 늘어선 흔적입니다.

텐트
실로 만든 촘촘한 그물막에 뒤덮인 흔적입니다.

삐죽
대나무 통이나 나무와 호스 같은 구멍에서 마른 풀 등이 삐죽 튀어나와 있는 흔적입니다.

책
이파리의 전체나 일부를 접어서 실로 붙여 놓은 흔적입니다. 두 장 이상의 이파리를 접은 모습입니다.

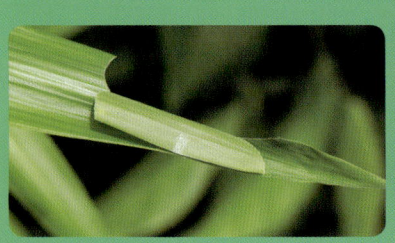

두루마리
이파리를 돌돌 말아 놓거나, 덩어리처럼 단단하게 감은 흔적입니다.

굴
애벌레가 이파리 속으로 파고들어 생긴 흔적으로, '그림을 그리는 곤충'이라고도 합니다.

🌊 물가의 흔적

강이나 연못의 물속이나 물가에서 찾아볼 수 있는 흔적입니다. 허물과 애벌레가 만든 둥지, 먹잇감을 붙잡기 위한 그물 등이 있습니다.

흔적 모음집① 알

곤충이나 거미가 살아가는 장소에는 알을 감싼 알 주머니 또는 알이 발견됩니다.

흔적 모음집② 똥

곤충의 종류에 따라 똥의 크기나 생김새가 다릅니다. 똥을 발견했다면 곤충이 숨은 장소를 알 수 있는 힌트가 됩니다.

흔적 모음집③ 고치

고치는 곤충이 만든 공예품입니다. 고치의 생김새나 색깔을 통해 어떤 곤충인지 알 수 있지요. 때에 따라서는 안에 애벌레나 번데기가 있습니다.

흔적 모음집④ 벌레혹

주로 진딧물류나 혹벌류, 혹파리류가 식물에 만든 혹입니다.

흔적 모음집⑤ 벌집

벌집은 벌의 종류에 따라 생김새나 크기, 만드는 장소가 다릅니다.

흔적 모음집⑥ 허물

남겨진 허물을 통해 곤충의 이름이나 몇 마리가 살고 있었는지, 어느 정도나 컸는지를 알 수 있습니다.

흔적 모음집⑦ 거미집

거미집의 생김새와 만드는 방식은 거미의 종류에 따라 다릅니다. 거미집만 봐도 거미의 종류를 알 수 있지요.

흔적 모음집⑧ 비슷한 흔적

곤충이 남긴 흔적처럼 보이지만 알고 보면 다른 생물이나 곰팡이 같은 균류가 남긴 흔적도 많답니다.

곤충의 흔적 목록

이 책에서는 곤충이 남긴 흔적을 차례대로 소개합니다. 누가 흔적을 남겼는지 알 수 있도록 곤충의 이름과 곤충이 소개된 쪽수도 정리돼 있습니다. 곤충의 흔적을 살펴보고 싶을 때, 이곳을 보면 도움이 된답니다.

그물
- 왜콩풍뎅이 P.12
- 민가슴바구미 P.14
- 차독나방 애벌레 P.16
- 암청색줄무늬밤나방 애벌레 P.18

터널
- 고동털개미 P.20

알
- 흔적 모음집① 알 P.22

구멍
- 개미귀신 P.24
- 소바구미 P.26

콩알
- 알락굴벌레나방 애벌레 P.32
- 은빛들명나방 애벌레 P.34
- 복숭아명나방 애벌레 P.36

- 조롱박벌 P.28
- 애사슴벌레 P.30

똥
- 흔적 모음집② 똥 P.38

야금야금
- 알팔파바구미 P.40
- 돌담무늬나비 애벌레 P.42
- 하늘소류 P.44
- 작은점노랑재주나방 초령 애벌레 P.46
- 먹그늘나비 애벌레 P.48

점점

매미류 P.84

허물

흔적 모음집⑥ 허물 P.86

텐트

천막벌레나방 애벌레 P.88 벼슬집명나방 애벌레 P.90

황줄점갈고리나방 P.92 우묵날개원뿔나방 애벌레 P.94

뾰죽

책

큰멋쟁이나비 애벌레 P.102 사과남방뿔나방 애벌레 P.104 남방남색부전나비 애벌레 P.106

무지개띠붉은수염나방 애벌레 P.108 어리여치류 P.110

애어리염낭거미 P.114

하늘소 애벌레 P.96

베짱이붙이 P.98 먹조롱박벌 P.100 어리꼬마팔랑나비 애벌레 P.112 줄허리들명나방 애벌레 P.116

두루마리

검정날개거위벌레 P.118

벚나무뿔나방 애벌레 P.120

콩잎말이명나방 애벌레 P.122

목화명나방 애벌레 P.124

창나방 애벌레 P.126

뿔거위벌레 P.128

봉의꼬리명나방 애벌레 P.130

굴

굴참가는나방 애벌레 P.132

사각노랑테가시잎벌레 애벌레 P.134

굴굴나방 애벌레 P.136

대나무뿔잎벌레 애벌레 P.138

이대창날개뿔나방 애벌레 P.140

거미집

흔적 모음집⑦ 거미집 P.142

물가의 흔적

수염치레각날도래 애벌레 P.144

채다리날도래 애벌레 P.146

띠우묵날도래 애벌레 P.148

연물명나방 애벌레 P.150

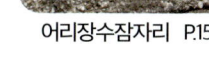
어리장수잠자리 P.152

빗자루하루살이 P.154

비슷한 흔적

흔적 모음집⑧ 비슷한 흔적 P.156

왜콩풍뎅이가 파먹은 흔적

그물 ①

그물처럼 변한
오리나무 이파리.

초여름에서부터 늦가을까지
물가 근처에 자라는 오리나무의
이파리에서 그물처럼 변한 흔적을
찾아볼 수 있습니다.

●5월~11월　●일본　●평지~산지

누가 그랬을까?

오리나무 이파리를 잎맥만 남겨 놓고 파먹은 범인은 바로 왜콩풍뎅이입니다. 여러 마리의 왜콩풍뎅이가 이파리 한 장에 모여들어 먹어 치우기도 한답니다. 왜콩풍뎅이는 칡, 거지덩굴, 호장근, 상수리나무, 졸참나무같이 다양한 나무나 풀에 모여들어 나뭇잎을 먹어 치우는 습성이 있습니다.

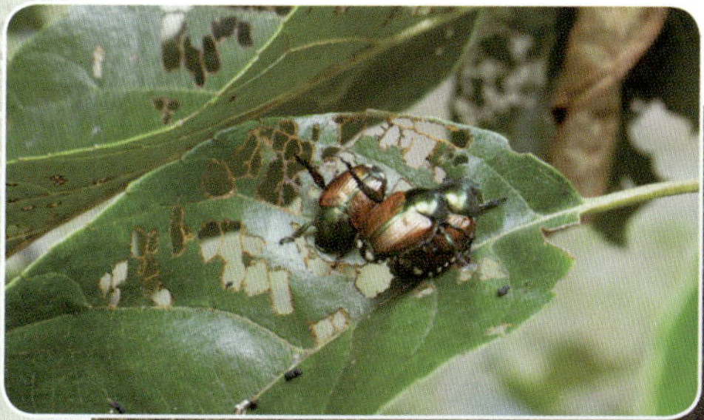

오리나무 잎을 먹는 어른벌레.

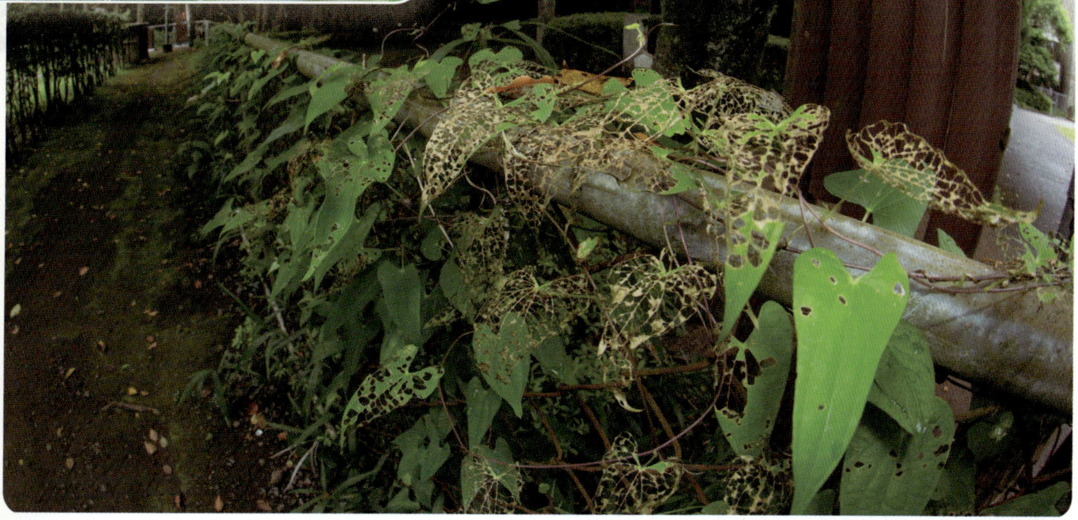

왜콩풍뎅이가 파먹고 간 참마 잎.

따라쟁이들

똑같은 풍뎅이과인 주둥무늬차색풍뎅이(국내 분포) 역시 상수리나무, 졸참나무, 밤나무, 벚나무 등에 모여들어 이파리를 먹어 치웁니다. 주둥무늬차색풍뎅이가 먹고 간 자리는 왜콩풍뎅이와 똑같아 구별이 어렵답니다.

곤충이 남긴 흔적과 마주쳤다면 언제 남긴 흔적인지를 생각해 보고 흔적을 남긴 벌레를 찾아보세요.

그물 민가슴바구미가 먹고 간 자리

파릇파릇한 졸참나무 이파리를 살펴보다 보면 자그마한 구멍이 잔뜩 뚫려서 그물처럼 변한 이파리가 눈에 띄기도 합니다.

이파리를 뒤집어서 보면 잎맥을 피해서 뚫어 놓은 자그마한 구멍을 볼 수 있습니다.

그물 ②

초여름에 볼 수 있는 졸참나무.

이파리 표면에 촘촘하게 뚫린 구멍들.

●1년 내내 ●한국, 러시아(시베리아 동부), 중국(북동부) ●평지~산지

누가 그랬을까?

졸참나무 이파리에 생긴 그물은 어른벌레가 된 민가슴바구미가 파먹은 흔적입니다. 민가슴바구미는 조금씩 움직이면서 이파리의 앞면부터 먹어 치운답니다. 여름에는 참나무과의 썩은 나무에서 찾아볼 수 있지요.

어른벌레의 몸은 오렌지색의 고운 비늘 가루로 뒤덮여 있는데, 문지르면 떨어져서 거무스름한 바탕색이 드러냅니다.

비늘 가루가 떨어진 어른벌레.

비슷하게 생긴 볼록민가슴바구미의 더듬이는 두 번째가 세 번째 마디보다 1.5배 정도 깁니다. 사진 속 민가슴바구미는 두 번째와 세 번째 마디의 길이가 같습니다.

따라쟁이들

주둥무늬차색풍뎅이의 어른벌레 역시 졸참나무에 그물처럼 파먹은 흔적을 남깁니다. 주둥무늬차색풍뎅이는 잎 뒤쪽부터 먹는 경우가 많아 민가슴바구미의 어른벌레가 먹고 간 흔적보다 구멍이 크게 뚫려 있습니다. 왜콩풍뎅이의 어른벌레가 먹고 간 흔적과도 무척 닮아서 구분하기 어렵기도 하답니다.

이파리를 먹는 주둥무늬차색풍뎅이의 어른벌레.

상수리나무를 파먹은 흔적.

졸참나무 이파리를 먹는 왜콩풍뎅이의 어른벌레.

ONE POINT 민가슴바구미는 눈에 쉽게 띄지는 않지만 일단 찾아냈다면 한곳에서 여러 마리를 볼 수 있답니다.

차독나방 애벌레가 먹고 간 흔적

공원이나 마당의 동백나무에서 그물처럼 변했거나 훤히 비칠 정도로 표면이 벗겨진 이파리를 찾을 수 있습니다. 이 흔적은 동백나무과의 식물인 차나무나 애기동백나무에서도 찾아볼 수 있지요.

잎맥만 남기고 모조리 파먹고 갔네요.

누가 그랬을까?

동백나무 이파리에 그물 같은 흔적을 남긴 범인은 차독나방의 중령* 애벌레입니다. 그리고 속이 비칠 정도로 이파리가 얇게 벗겨진 흔적은 갓 태어난 애벌레가 갉아먹은 자국이지요. 쑥쑥 자라나 종령 애벌레가 되면 이파리를 테두리부터 먹기 시작한답니다. 애벌레는 알을 깨고 나오면 쭉 무리를 지어 살아가기 때문에 수많은 흔적이 남게 되지요.

알에서 갓 나온 애벌레.

갓 태어난 후의 애벌레.

종령* 애벌레.

이제 막 알을 깨고 나온 애벌레나 초령* 애벌레는 턱이 작기 때문에 이파리의 표면만 깎아먹습니다.

어린 애벌레나 초령 애벌레가 먹고 간 이파리에는 엄청나게 많은 똥이 남습니다.

*초령……갓 부화한 어린 애벌레, *중령……어느 정도 성장한 애벌레, *종령……번데기가 되기 전 단계의 애벌레.

●1년 내내　●한국, 중국, 일본, 대만　●평지~산지

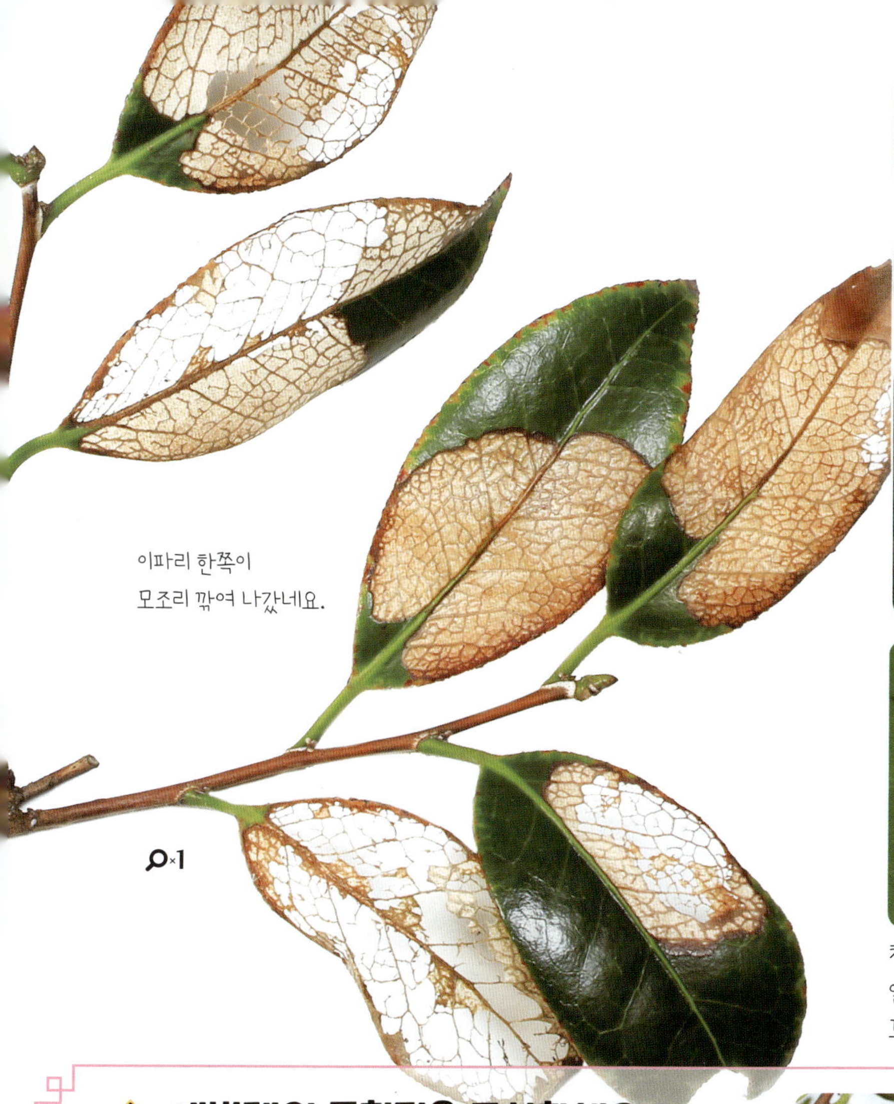

이파리 한쪽이
모조리 깎여 나갔네요.

🔍×1

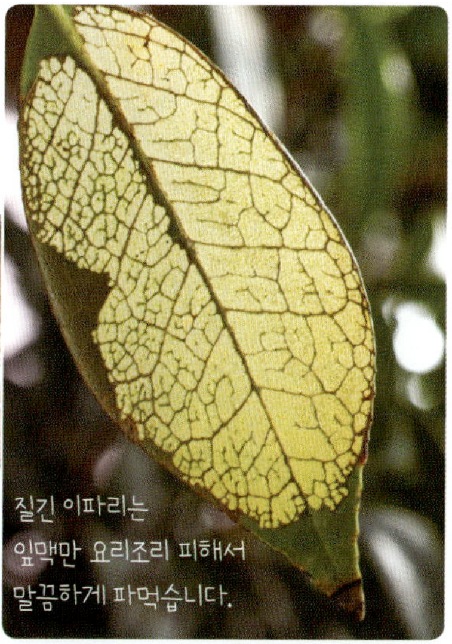

질긴 이파리는
잎맥만 요리조리 피해서
말끔하게 파먹습니다.

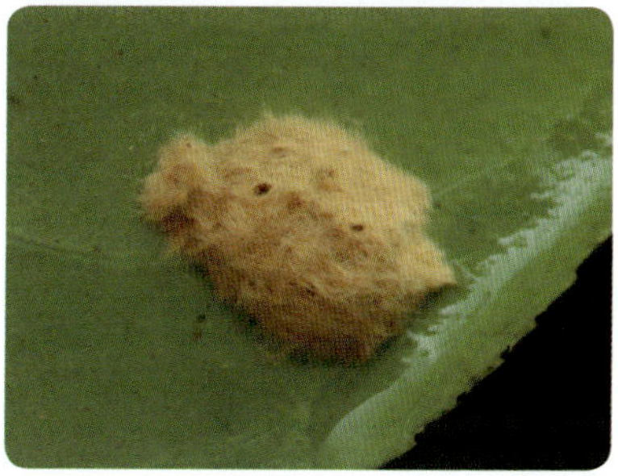

차독나방은 이파리의 뒷면에 한데 모아서
알을 낳으며, 알의 표면은 암컷의 배에 난
꼬리털로 뒤덮여 있습니다.

⚠️ 애벌레의 독침털을 조심하세요

애벌레의 몸에는 0.1mm 정도의 독침털이 잔뜩 돋아나 있는데, 이 독침털은 알이나 고치, 암컷 어른벌레의 꼬리털에도 달려 있습니다. 독침털이 살갗에 닿으면 염증을 일으키므로 함부로 만지면 안 됩니다. 또한 독침털은 바람에 날리므로 애벌레가 있는 나뭇가지에 다가가지 않도록 조심하세요.

종령 애벌레입니다. 검은 혹 부분에 30만 개에서 50만 가닥의 독침털이 자라난답니다.

차독나방의 애벌레는 위험을 느끼면 실을 토해 내 실을 타고 아래로 도망간답니다.

그물

암청색줄무늬밤나방 애벌레가 파먹은 자리

그물처럼 구멍이 난
섬모시풀의 이파리.

그물 ④

섬모시풀은 한국 남부의 섬이 있는 곳에서 자라는 식물입니다.
이파리가 그물처럼 구멍이 뿡뿡 뚫려 있네요. 이 흔적은 한곳에서
집중적으로 발견됩니다.

●5월~11월   ●한국, 중국, 일본, 대만, 동남아시아 등   ●평지~산지의 풀밭

누가 그랬을까?

그물처럼 뻥뻥 뚫린 구멍은 암청색줄무늬밤나방의 초령 애벌레가 파먹은 자리로, 이파리 한 장에 수많은 애벌레가 모여들어서 훑고 간 흔적이랍니다. 날이 갈수록 구멍이 점점 늘어나다 끝내 잎맥만 덩그러니 남게 되기도 합니다.

초령 애벌레와 애벌레가 먹고 간 자리.

싱싱한 이파리 뒤에 아직 부화하지 않은 알이 발견되기도 합니다.

알을 깨고 나온 애벌레가 잎을 먹은 흔적.

잎맥만 남은 섬모시풀.

중령 애벌레.
중령 애벌레가 되면 먹는 양이 늘어나, 이파리를 모조리 먹어 치운답니다.

줄기만 남은 섬모시풀.

종령 애벌레.
애벌레는 위험을 느끼면 몸을 힘껏 좌우로 흔듭니다.

번데기.
다 자란 애벌레는 땅속에서 고치를 만들어 번데기가 됩니다.

ONE POINT 암청색줄무늬밤나방은 어른벌레의 모습으로 겨울을 보내며 몸을 움직이지 않는 낮에는 처마나 창틀에 숨어 지낸답니다.

고동털개미의 터널식 통로

숲이나 공원에 심어진 나무를 살펴보면 줄기에 생겨난 긴 터널이 눈에 띕니다. 또한 참억새 같은 풀의 줄기에서도 거무스름한 터널을 찾아볼 수 있습니다.

느티나무의 밑동부터 길게 터널이 이어지고 있습니다.

참억새를 보니 밑동에서 30cm 정도 높이까지 터널이 있습니다.

● 1년 내내   ● 한국, 일본, 대만   ● 평지~산지

누가 그랬을까?

나무나 풀의 줄기에 생긴 터널은 고동털개미가 만들어 놓은 통로입니다. 통로를 타고 높은 나뭇가지나 이파리에 모여 있는 진딧물 무리에게 다가가지요. 개미들은 작은 나무 조각이나 흙을 침으로 굳혀서 통로를 만든답니다.

통로를 따라서 진딧물이 사는 높은 나뭇가지로 향하는 개미들.

졸참나무 가지에 달라붙은 진딧물로부터 단물*을 얻는 고동털개미. 배에 한가득 단물을 채우면 통로를 따라 땅속에 있는 둥지로 돌아간답니다.

참억새에 달라붙은 진딧물에게서 단물을 얻는 고동털개미.

통로라기보다는 진딧물을 감추기 위한 뚜껑 같네요.

상수리나무에 만든 터널 안에서 참주둥이왕진딧물을 찾았습니다.

터널의 일부를 무너뜨리고 다음 날에 봤더니 멀쩡하게 고쳐져 있더군요.

*단물……진딧물류가 몸 밖으로 내보내는 액체로, 당분을 머금고 있습니다.

개미의 습성

죽은 곤충 같은 먹잇감에 모래나 풀 등을 덮어서 감추는 습성이 있습니다. 먹바퀴의 시체를 거의 30분 만에 감쪽같이 숨겨 버렸네요.

ONE POINT 개미의 몸에 기생하는 벼룩파리라는 곤충이 있습니다. 터널은 벼룩파리로부터 몸을 지키는 역할도 있는 듯합니다.

흔적 모음집 ①

알

거미는 알을 한데 모아서 낳기도 하고, 하나씩 드문드문 떼어 놓기도 합니다. 또한 100개가 넘는 알을 거품으로 굳혀 두기도 하고, 암컷의 몸에 난 털을 알에 묻혀 두기도 하는 등 다양한 방식으로 알을 낳습니다.

나무에서 찾아볼 수 있는 알

가지, 이파리 앞면, 이파리 뒷면, 줄기의 표면, 줄기의 움푹 팬 부분 등 알은 여기저기서 발견됩니다. 차분하게 꼼꼼히 찾아보세요.

ONE POINT 참나무노린재의 알 덩어리를 감싼 젤리는 초봄에 알을 깨고 나온 애벌레들이 처음으로 먹게 될 귀중한 먹이랍니다.

풀에서 찾아볼 수 있는 알

곤충뿐 아니라 거미의 알도 찾아볼 수 있습니다. 거미의 알은 실로 만든 주머니로 감싸여 있어서 알주머니로 불립니다.

사향제비나비

좀남색잎벌레

큰새똥거미

꼬리거미

호두나무잎벌레

긴호랑거미

꽈리허리노린재

파리매

무당거미

칠성무당벌레

해골거미(일본, 대군)

호랑거미

다양한 장소에서 찾아볼 수 있는 알

간판이나 바위, 가정집 벽이나 창틀 같은 곳에서도 알을 찾아볼 수 있습니다.

물가에서 찾아볼 수 있는 알

산왕거미

호랑거미
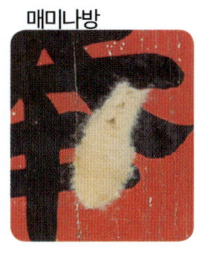

매미나방

좀사마귀

사마귀

왕우렁이

ONE POINT 알 덩어리는 알을 한데 모아서 낳은 것, 알 주머니는 알덩어리를 실로 휘감은 것, 알집은 알 주머니를 거품으로 감싼 것을 말합니다.

개미귀신이 파 놓은 구멍

빗물이 들지 않는 벼랑, 다리 밑이나 마룻바닥 밑 같은 모래땅에서 찾아볼 수 있는 친숙한 구멍입니다. 가지런한 절구 모양이네요.

구멍 ①

옛날 집의 마룻바닥 밑에서 찾아볼 수 있었지만 콘크리트로 바뀐 요즘에는 잘 보이지 않습니다.

● 1년 내내　● 한국, 중국, 일본, 대만　● 평지~산지의 그늘

누가 그랬을까?

개미지옥은 바로 명주잠자리의 애벌레인 개미귀신이 파 놓은 둥지입니다. 여기에 곤충이나 공벌레가 빠지면 잽싸게 큰턱으로 물어서 체액을 빨아 먹지요.

애벌레는 뒷걸음질을 칩니다.

빙글빙글 돌면서 땅을 파면 절구처럼 생긴 구멍이 생겨나지요.

구멍의 비탈면은 고운 모래 알갱이로 덮여 있어서 무척 미끄럽답니다. 개미귀신은 바닥에서 모래 알갱이를 휙 던져서 먹잇감을 끌어내립니다.

애벌레는 두 번 허물을 벗어 3령이 되고, 다 크면 얕은 땅속에서 고치를 만듭니다. 꽁무니에서 뿜어낸 실로 주변의 모래 알갱이를 휘감으면 동그란 고치가 만들어집니다. 안쪽은 매끈매끈한 실로 이뤄진 벽이 있지요.

텅 빈 번데기가 남은 고치.

ONE POINT 명주잠자리의 어른벌레는 야행성으로, 하늘을 날아다니며 나방 등을 잡아먹습니다. 알 역시 밤에만 낳는답니다.

구멍 소바구미가 알을 낳은 흔적

때죽나무 열매에 깊게 뚫린 구멍이 보입니다. 대부분의 구멍은 열매마다 하나씩 그리고 열매 가운데 쪽에 뚫려 있네요.

구멍 ②

땅바닥에 떨어진 씨앗에도 커다란 구멍이 눈에 띕니다.

누가 그랬을까?

때죽나무 열매에 뚫린 구멍은 소바구미 암컷이 열매 안쪽의 씨앗에 알을 낳기 위해 파 놓은 흔적입니다. 열매 안에 든 씨앗에 작은 구멍을 뚫어 그곳에 산란관을 꽂은 뒤, 알 하나를 낳아 둡니다.

수컷의 얼굴은 겹눈이 좌우로 튀어나와 있어서 꼭 소의 머리처럼 보이기도 하지요.

턱으로 뚫은 구멍에 알을 낳는 암컷.

씨앗 안쪽에 심어진 알.

열매 안에는 커피콩처럼 단단한 씨앗이 들어 있답니다.

알을 깨고 나온 애벌레

*배유……씨앗 안에 있는 조직으로, 싹이 틀 때 영양분이 됩니다.

알을 깨고 나온 애벌레는 배유*를 먹으며 자라납니다.

다 자란 애벌레는 땅바닥에 떨어진 씨앗 안에서 겨울을 나며, 애벌레로 2년을 보냅니다.

번데기가 되었고 왼쪽이 암컷, 오른쪽이 수컷입니다.

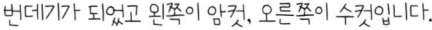

씨앗 속의 애벌레는 강 낚시에 쓸 미끼로 팔리기도 한답니다.

조롱박벌의 육아방

땅바닥에 구멍 세 개가 늘어서 있습니다. 구멍 옆쪽에는 땅에서 파낸 모래가 쌓여 있습니다. 구멍은 약 3cm 간격으로 늘어서 있네요. 이 구멍은 햇볕이 잘 들고 풀이 자라지 않아 흙이 고스란히 드러나 있는 퍼석퍼석한 땅바닥에서 찾아볼 수 있습니다.

구멍 ③

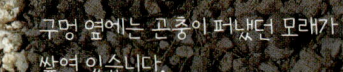

구멍 옆에는 곤충이 퍼냈던 모래가 쌓여 있습니다.

●7월~9월　●한국, 중국 북동부, 일본 등지　●평지~산지

누가 그랬을까?

이 구멍은 암컷 조롱박벌이 새끼를 키우기 위해 파 놓은 육아방*입니다. 큰턱으로 작은 돌멩이를 옮기거나 앞다리로 모래를 긁어서 땅속 깊게 터널을 팝니다.

*육아방……애벌레 둥지.

세 개의 구멍 중에서 양쪽의 두 구멍은 얕게 파져 있고, 가운데 구멍만 터널처럼 깊게 파져 있습니다. 밖으로 나갈 때 구멍을 막아 둘 모래를 퍼 나르다 생긴 구멍인 모양이네요.

먹이 옮기기

터널이 만들어지면 모래로 가운데 구멍을 살짝 막아 놓은 뒤, 메뚜기 같은 먹이를 잡아서 돌아옵니다. 다시 구멍을 파헤쳐서 먹잇감을 터널 안으로 옮겨 놓은 뒤 알을 낳습니다. 독침에 찔려 마취된 먹잇감은 옴짝달싹 못하게 되지요. 먹잇감은 알을 깨고 나온 애벌레의 밥이 됩니다.

ONE POINT — 암컷이 터널에 들어가 있는 동안 땅바닥에 놓아둔 먹잇감에 기생파리가 몰래 알을 낳기도 합니다.

애사슴벌레가 알을 낳은 흔적

상수리나무나 졸참나무 등 썩은 나무 표면에서 지름 1cm 정도의 홈과 한복판에 뚫린 동그란 구멍을 찾아볼 수 있습니다.

찌그러진 것 같은 구멍도 있습니다.

●1년 내내 ●한국, 중국, 일본 ●평지~산지

누가 그랬을까?

배꼽 같은 이 구멍은 애사슴벌레 암컷이 알을 낳은 흔적입니다. 애사슴벌레는 6~9월이 되면 알을 낳습니다. 가운데 구멍 안쪽을 보니 알 하나가 있습니다. 알을 낳은 흔적은 '산란흔'이라고도 부르며, 산란흔이 있는 썩은 나무 안에서는 애벌레가 자라고 있답니다.

구멍을 파 보니 움푹 팬 곳 안쪽에 알 하나가 있습니다.

애벌레가 파낸 터널에는 똥이 가득 차 있습니다.

수컷 번데기.

갓 어른벌레가 된 암컷.

애벌레를 꺼낼 때는 가느다란 나뭇가지를 깨물게 해서 들어 올립니다.

시기에 따라 번데기나 갓 어른벌레가 된 녀석이 있는 경우도 있습니다.

ONE POINT 산란흔은 벚나무나 때죽나무 등 썩은 나무에서 볼 수 있습니다. 단 소나무 같은 침엽수에는 알을 낳지 않는답니다.

알락굴벌레나방 애벌레가 눈 똥

콩알 같은 알갱이가 사스레피나무 밑동에 잔뜩 있습니다. 자세히 보면 밑동의 줄기에 지름 3㎜ 정도의 구멍이 뚫려 있는데, 이곳을 통해서 나온 알갱이임을 알 수 있습니다.

콩알 ①

이 흔적은 평지, 산지의 숲이나 공원, 정원수 등 1년 내내 찾아볼 수 있습니다.

●1년 내내　●한국, 일본　●평지~산지

누가 그랬을까?

잔뜩 쌓여 있는 콩알 같은 알갱이는 알락굴벌레나방의 애벌레가 눈 똥이랍니다. 애벌레는 살아 있는 나무에 터널을 판 뒤 이 안에서 지냅니다. 애벌레가 어른벌레가 되기까지는 2년 정도가 걸립니다.

🔍1

애벌레는 다양한 나무에서 자라서 공원에 있는 나무에서도 이 흔적을 찾을 수 있답니다.

같은 과인 굴벌레나방의 애벌레는 상수리나무 같은 나무껍질 밑으로 파고들어 수액*이 흘러나오게 만듭니다. 그리고 수액에 꼬인 곤충을 잡아먹지요.

*수액······나무 안에 사는 곤충이 낸 상처에서 흘러나온 당분이 미생물을 통해서 발효된 것입니다.

ONE POINT 가시나무나 철쭉, 때죽나무 등의 나무에서도 콩알 같은 흔적을 찾아볼 수 있답니다.

은빛들명나방 애벌레가 눈 똥

조엽수림*이나 공원 같은 곳에 심어진 천선과나무, 무화과나무 등의 열매에서 검은 알갱이를 찾아볼 수 있습니다.

*조엽수림……이파리가 두껍고 윤기가 흐르는 상록수인 떡갈나무, 녹나무로 이루어진 숲을 가리킵니다.

천선과나무의 열매에 알갱이가 붙어 있네요.

깨알 같은 알갱이를 떼어내 보니 자그마한 구멍이 뚫려 있습니다.

●6월~10월   ●한국, 중국, 일본, 대만 등지   ●평지

누가 그랬을까?

천선과나무에서 삐져나온 알갱이는 은빛들명나방의 애벌레가 눈 똥이었습니다. 애벌레는 열매를 갉아서 구멍을 낸 뒤, 열매 안으로 파고들어 속을 파먹는답니다. 내용물을 모조리 파먹으면 다른 열매로 이사를 가지요.

열매에 구멍을 뚫고 실로 그물을 칩니다. 그리고 그물에 똥을 휘감은 뒤 열매 안으로 파고들어갑니다.

애벌레는 케이스 가장자리에 고치를 짓습니다. 다 큰 애벌레는 열매 밖으로 나와 이파리나 가지 아니면 낙엽 따위에 고치를 만들어 이곳에서 번데기가 되려고 합니다.

ONE POINT 애벌레는 하나의 열매를 모조리 파먹으면 다른 열매로 이사를 갑니다. 다 자라는 데 얼마나 많은 열매가 필요할까요?

복숭아명나방의 애벌레가 눈 똥

땅에 떨어진 밤톨에 콩알 같은 알갱이가 잔뜩 달라붙어 있을 때가 있습니다.

알갱이는 실에 휘감겨 있지요.

콩알 ③

땅에 떨어진 밤톨에서 덩어리진 알갱이가 튀어나와 있습니다.

● 9월~이듬해 봄 ● 한국, 중국, 일본, 대만, 동남아시아 ● 평지

누가 그랬을까?

이 콩알 같은 흔적은 복숭아명나방의 애벌레가 밤톨의 속살을 파먹고 구멍 밖으로 놓은 똥이랍니다. 복숭아명나방의 애벌레는 상수리나무나 복숭아나무, 배나무 같은 이런저런 나무의 열매 속을 파고든답니다.

복숭아명나방의 애벌레.

밤톨 안에 들어 있는 애벌레.

구멍 안에서 실을 토해 내 전용*이 되었습니다.

*전용……번데기가 되기 전 단계로, 아무것도 먹지 않고 움직이지 않으며 번데기가 될 준비를 합니다.

따라쟁이들

상수리껍질밤나방의 애벌레 역시 밤나무나 상수리나무 열매에 콩알 같은 흔적을 만들어 놓기 때문에 흔적의 겉모습만으로는 구별하기 어렵습니다.

상수리나무의 도토리에 생긴 콩알.

상수리껍질밤나방의 애벌레.

ONE POINT 어른벌레는 6~9월에 나타나며 밤이면 불빛에 곧잘 날아듭니다. 특히 9월 초에 많이 찾아볼 수 있답니다.

흔적 모음집②
똥

곤충의 똥은 종류에 따라 생김새나 색깔이 다릅니다. 똥의 모습을 꼼꼼히 살펴보면 곤충이 어디에 숨어 있는지, 어떤 종류인지를 알아낼 수 있습니다.

애사슴벌레 애벌레의 똥 터널

남방차주머니나방의 애벌레

장수풍뎅이 애벌레의 똥

검정날개거위벌레(국내 미기록종)

밤나무산누에나방

대벌레

청동풍뎅이

왜콩풍뎅이

ONE POINT 똥을 발견했다면 주변에 있는 벌레를 찾아봅시다.

알팔파바구미가 갉아먹은 흔적

토끼풀이나 가는살갈퀴 이파리에서 갉아먹은 듯한 구멍이 잔뜩 발견될 때가 있습니다.

가는 살갈퀴에는 아예 이파리가 몽땅 사라진 부분도 보입니다.

토끼풀 이파리에는 동그란 구멍이나 가로로 길게 갉아먹은 흔적이 있습니다.

이파리 위에서 하얀 덩어리가 발견되기도 한답니다.

●4월~5월 ●유럽 외래종(일본, 한국, 미국 등지에 퍼져 나감) ●평지~산지

누가 그랬을까?

토끼풀이나 가는살갈퀴 이파리를 갉아먹어 구멍을 남긴 범인은 바로 알팔파바구미의 애벌레였습니다.

애벌레는 다리가 없어서 끈끈한 액체로 이파리에 들러붙어서 움직입니다.

이파리를 먹을 때 잎맥을 남기는 경우도 많지요.

다 자란 애벌레는 이파리의 뒷면이나 앞면에서 실을 내뿜어 그물처럼 생긴 고치를 짓습니다.

고치.

고치 속의 전용.

고치 속의 번데기.

천적 애벌레는 개미에게 공격을 받거나 칠성무당벌레에게 잡아먹히기도 한답니다.

따라쟁이들
노랑나비의 어린 애벌레가 이파리를 갉아먹은 흔적 역시 무척 비슷하게 생겼기 때문에 잘 살펴봐야 합니다.

알팔파바구미는 유럽에서 온 외래종 곤충으로, 비슷하게 생긴 큰뚱보바구미도 외래종이며 같은 흔적을 남긴답니다.

돌담무늬나비 애벌레가 먹고 간 자리

천선과나무의 이파리의 끄트머리에서 볼 수 있는 흔적으로 큼직하게 도려낸 듯한 자국이네요.

잎 끝부분이 도려내진 천선과나무.

도려내진 부분에서 가운데 잎맥만 툭 튀어나온 것처럼 남아 있는 이파리도 있습니다.

●5월~10월   ●동남아시아, 일본   ●평지~산지의 숲 가장자리나 골짜기

누가 그랬을까?

천선과나무 이파리에 흔적을 남긴 범인은 돌담무늬나비의 애벌레입니다. 종령(5령) 애벌레는 이파리 가장자리부터 시작해 굵은 가운데 잎맥까지 남김 없이 먹어 치우지만 1~4령까지는 가운데 잎맥을 남겨 놓는답니다.

이파리를 뒤집어서 한가운데의 잎맥을 살펴보면 갉아서 생겨난 갈색 자국이 남아 있습니다.

이파리 위에서 쉬고 있는 5령 애벌레.

하얀 유액.

몇 령 애벌레든 이파리를 먹기 전에는 무조건 이파리 뒤쪽에서 한가운데의 잎맥을 갉아 상처를 냅니다. 천선과나무는 이파리에 상처가 생기면 하얀 유액이 흘러나오는데, 이 유액이 공기를 만나면 풀처럼 굳어 버리지요. 애벌레가 가운데 잎맥을 갉아 두는 것은 유액이 흘러나오지 못하도록 미리 막기 위함이라고 생각합니다.

1령 애벌레는 이파리 끝부분에 남겨 둔 가운데 줄기에 자기가 눈 똥을 차곡차곡 쌓아서 탑을 만듭니다. 똥은 실로 단단하게 굳히는데, 쉴 때는 이 똥 탑에 앉아 있는 경우가 많지요.

번데기는 천선과나무 이파리 뒤쪽에서 찾을 수 있지요.

천적 3령 이후의 애벌레는 이파리 위로 올라와 눈에 잘 띕니다. 그래서인지 박새 같은 새에게 잡아먹히기도 한답니다.

따라쟁이들

외줄잎벌레(일본)는 이파리 뒷면에 갉아먹은 자국을 남깁니다.

돌담무늬나비 애벌레는 천선과나무 말고도 무화과나무를 먹습니다. 어른벌레가 되면 꽃과 썩은 과일에 모여들지요.

하늘소류가 알을 낳은 흔적과 밥을 먹고 간 자리

상수리나무나 졸참나무, 종가시나무 같은 나무줄기에 갉아먹은 듯한 흔적이 가로로 이어지고 있습니다.

종가시나무 줄기에 한 줄로 늘어선 갉아 먹은 자국이 생겨난 지 얼마 안 된 듯합니다.

가시나무에서 찾은 자국이 희미해진 것으로 보아 오래된 모양입니다.

상수리나무에는 얕은 구멍이 잔뜩 뚫려 있어 눈에 잘 띕니다.

●1년 내내 ●한국, 일본 ●평지~산지의 숲

누가 그랬을까?

나무줄기에 생긴 갉아먹은 자국은 참나무하늘소가 알을 낳기 위해 큰턱으로 뚫은 구멍입니다. 이 흔적은 나무줄기를 한 바퀴 빙그르르 돌아 생긴 것입니다. 이곳에는 수액이 흘러나와서 곤충들이 떼 지어 모여들어 수액 레스토랑이 되기도 합니다.

상수리나무의 껍질을 갉고 있는 참나무하늘소 암컷.

앞에서 본 참나무하늘소의 얼굴.

하늘소류가 갉아먹은 흔적

뽕나무 가지의 껍질이 하얗게 벗겨진 흔적.

이건 뽕나무하늘소가 먹은 흔적입니다.

이외에도 다양한 나무에서 줄기나 가지를 갉아먹은 자국을 찾아볼 수 있습니다.

때죽나무의 마른 가지를 갉아먹는 흰깨다시하늘소.

ONE POINT 참나무하늘소 애벌레가 나무 안에서 자랄 때도 줄기에 뚫린 구멍에서 수액이 나와 수액 레스토랑이 펼쳐집니다.

작은점노랑재주나방의 초령 애벌레가 먹고 간 자리

조릿대류의 이파리에 L자 모양으로 잘린 흔적이 눈에 띕니다.

조릿대류의 이파리 끄트머리에 곧게,
그리고 직각으로 꺾어 갉아먹은 흔적이 보이네요.

같은 곳에 있던 참억새에서도 찾았습니다.
잎맥을 따라서 갉아먹은 자국이겠지요.

●5월~10월   ●한국, 중국, 일본, 러시아   ●평지~산지의 숲

누가 그랬을까?

조릿대류의 이파리 끝부분에 생긴 갉아먹은 자국은 작은점노랑재주나방의 초령 애벌레가 남긴 흔적이랍니다. 평소에 초령 애벌레는 이파리 끄트머리에서 몸을 반쯤 내민 자세로 있습니다. 뾰족한 이파리 끝부분에 몸을 숨기고 있다 보니 찾아내기 어렵지요.

갉아먹어서 가늘어진 이파리 끝에서 쉬고 있는 초령 애벌레.

중령 애벌레로 자라나면 이파리를 테두리부터 야무지게 갉아먹기 시작하며 이파리 한가운데의 굵은 잎맥에 반듯하게 붙어 있어서 눈에 잘 띄지 않는답니다.

교묘하게 이파리 흉내를 내고 있지만 조금이라도 움직였다간 사마귀 등에게 바로 잡아먹히고 만답니다.

⚠ 대나방 애벌레를 조심하세요

대나방 애벌레는 작은점노랑재주나방과 비슷한 시기에 조릿대나 대나무에서 찾아볼 수 있습니다. 몸에 독침 같은 털이 나 있어서 손으로 만지면 안됩니다.

ONE POINT 종령 애벌레는 놀라면 머리를 번쩍 들어서 겁을 주는 듯한 자세를 취합니다.

먹그늘나비 애벌레가 갉아먹은 흔적

어둑어둑한 곳에서 베어 먹은 것처럼 이가 빠진 조릿대류의 이파리를 찾아볼 수 있습니다.

조릿대류 이파리의 한 귀퉁이가 기다랗게 떨어져 나갔네요.

이쪽은 한가운데를 베어 먹혔습니다. 자세히 보니 뭔가 숨어 있군요.

●1년 내내   ●한국, 중국, 일본   ●평지~산지의 숲

누가 그랬을까?

조릿대류의 이파리를 잘라낸 것처럼 갉아먹은 범인은 먹그늘나비의 애벌레였습니다. 흔적이 남아 있는 조릿대류의 이파리를 뒤집어 보거나 뒤에서 보면 애벌레가 숨어 있는 경우가 있지요. 다른 몇몇 곤충들도 비슷한 흔적을 남긴답니다.

조릿대류의 이파리를 뒤집거나 뒤쪽에서 살펴보면……

이파리를 거칠게 뒤집으면 애벌레가 몸을 둥글게 말아 바닥에 떨어지기도 합니다.

가운데 잎맥. 가운데 잎맥. 가운데 잎맥.

한가운데의 잎맥만 남기고 모조리 먹어 치운 것은 종령 애벌레의 흔적입니다.

3령 애벌레에서 겨울을 보내다 날이 따뜻해지면 이파리를 먹기도 합니다.

번데기는 애벌레가 있던 곳과 멀지 않은 조릿대 이파리의 뒷면에서 발견되는 경우가 많답니다.

ONE POINT 애벌레는 초록색과 연한 갈색의 몸 색깔이 있습니다.

흔적 모음집③
고치

나방이나 벌, 풀잠자리 등 여러 곤충이 고치를 만듭니다. 실로 이루어진 고치는 색깔과 모양이 다양합니다. 끈끈한 액체로 반죽해서 단단하게 굳힌 고치도 있답니다. 1년 내내 주변에서 쉽게 찾아볼 수 있습니다.

나무에서 찾아볼 수 있는 고치

고치는 나뭇가지나 잎, 줄기 등 여러 곳에서 찾아볼 수 있습니다. 고치가 만들어지는 시기는 종류에 따라 다릅니다. 애벌레를 찾아냈다면 고치를 만드는 모습을 살펴볼 수 있을지도 모른답니다.

유리산누에나방 · 붉은줄불나방

큰쌍줄푸른밤나방 · 검은띠애기나방 · 자루맵시벌류 · 자루맵시벌류 · 노랑쐐기나방

매화검정유리나방(국내 미분포) · 나무껍질밤나방 · 은재주나방 · 밤나무산누에나방 · 멧누에나방

풀에서 찾아볼 수 있는 고치

풀을 갉아먹는 애벌레 말고도 가까운 나무에서 자라난 애벌레가 자리를 옮겨서 풀에 고치를 만들기도 합니다.

자루맵시벌류

대나방

큰날개매미충기생나방
(국내 미분포)

애흰무늬독나방

대만자루맵시벌

ONE POINT 노랑쐐기나방의 고치는 무늬가 다양합니다.

춤뭉뚝날개나방(국내 미분포)

큰날개초록쐐기나방(국내 미분포)

두흰점이끼꼬마밤나방 · 가중나무고치나방 · 인동갈고리좀나방(국내 미분포) · 매미기생나방 · 다갈색밤나방

은무늬모진애기밤나방 · 솔잎벌 · 참나무산누에나방 · 사과독나방 · 넉점박이풀잠자리

벌레의 몸에 생겨나는 고치
기생벌이 다른 곤충의 몸에 붙어 살 때 곤충의 몸에 고치가 생기기도 합니다.

땅속이나 썩은 나무에서 찾아볼 수 있는 고치
땅을 파 보거나 썩은 나무를 뜯어보면 고치도 있습니다.

무당벌레기생고치벌 · 고치벌류 · 고치벌류 · 알락곡식좀나방 · 점박이꽃무지 · 대나무쐐기알락나방

(국내 미분포)

ONE POINT 참나무산누에나방의 고치는 하얗게 색이 빠지지만 유리산누에나방의 고치는 오랫동안 예쁜 색깔을 유지합니다.

계요등유리나방 애벌레의 둥지

계요등의 줄기 일부가 땅콩처럼
부풀어 있는 경우가 있습니다.

혹
①

이 흔적은 이파리가 떨어진 겨울에 찾아보기 쉽습니다.
혹에 구멍이 뚫려 있을 때도 있습니다.

●1년 내내　●한국, 일본　●평지~산지에 자라난 계요등

누가 그랬을까?

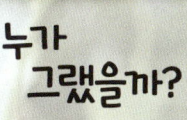

계요등 덩굴에 생겨난 혹은 계요등유리나방이 만든 벌레혹입니다. 혹 안에서는 계요등유리나방의 애벌레가 자라나고 있지요.

계요등 이파리의 앞면에 낳은 알. 알은 하나씩 낳습니다.

계요등은 공원의 울타리에 휘감겨 있어서 찬찬히 살펴봐야 애벌레의 둥지를 찾아낼 수 있답니다.

벌레혹 안에서 자란 애벌레는 검고 단단한 고치 안에서 번데기가 됩니다.

계요등은 8월부터 9월 사이에 꽃을 피우고, 가을이면 노란 열매가 주렁주렁 열린답니다.

ONE POINT 어른벌레는 벌, 그중에서도 호리병벌류와 비슷하게 생겼답니다. 벌레혹은 길거리에서도 쉽게 찾아볼 수 있습니다.

때죽납작진딧물의 둥지

때죽나무 가지의 끝부분에서 바나나 송이처럼 생긴 혹을 찾아볼 수 있습니다.

자세히 들여다보니 하얀 솜 같은 것이 묻어 있네요.

●6월~7월　●한국, 일본, 대만　●평지~산지에 자라난 때죽나무

누가 그랬을까?

바나나 송이처럼 생긴 이 혹은 때죽나무진딧물의 벌레혹입니다. 그리고 이 벌레혹 안에는 때죽나무진딧물 무리가 들어 있지요. 몸에는 하얀 밀랍을 두르고 있습니다.

커지기 전의 어린 벌레혹.

때죽나무는 5월에 하얀 꽃을 피우고, 7월 무렵에 수많은 열매를 맺습니다.

ONE POINT 초여름에 벌레혹을 벗어난 날개가 있는 성충인 유시충은 벼과 식물인 나도바랭이새로 갔다가 가을에 때죽나무로 돌아온답니다.

졸참나무순사과혹벌 애벌레의 둥지

졸참나무 가지에서 찾아볼 수 있는 흔적으로, 과일처럼 생겼답니다.

색깔은 빨간색이나 연녹색 등이 있습니다. 단단해서 잘 쪼개지지 않지요.

●4월~5월　●일본　●평지~산지

누가 그랬을까?

이 흔적은 졸참나무순사과혹벌이 졸참나무의 싹에 알을 낳아서 생겨난 벌레혹입니다. 초봄이면 이 벌레혹이 며칠 사이에 동그랗게 부풀어 오른답니다.

단단한 벌레혹 안에는 수많은 애벌레가 자라다 번데기가 됩니다. 그리고 여름이면 허물을 벗고 어른벌레로 거듭나지요.

겨울이 되면 날개가 없는 암컷은 싹을 향해 기어올라 알을 낳습니다.

ONE POINT 타닌이라는 성분 때문에 벌레혹에서는 무척 떫은맛이 납니다. 새 같은 동물에게 먹히지 않으려는 작전이 아닐까요.

흔적 모음집 ④
벌레혹

벌레혹은 곤충이 식물에 만들어 놓은 희한하게 생긴 혹입니다. 혹 안에서는 애벌레가 자라나고 있지요. 벌레혹을 만드는 곤충은 대부분 진딧물류나 혹벌류, 혹파리류랍니다.

나무에 생겨난 벌레혹
벌레혹의 생김새나 벌레혹이 생겨난 나무를 통해 어떤 곤충인지를 알아낼 수 있습니다.

- 팽나무뾰족혹파리의 벌레혹 (국내 미분포) / 나무뾰족혹파리
- 사사키잎혹진딧물의 벌레혹 / 사사키잎혹진딧물
- 조롱나무잎진딧물의 벌레혹 / 조롱나무잎진딧물
- 밤나무혹벌의 벌레혹 / 밤나무혹벌
- 참식나무혹파리의 벌레혹 / 참식나무혹파리
- 참나무잎붉은혹벌의 벌레혹 / 참나무잎붉은혹벌
- 외줄면충의 벌레혹 / 외줄면충
- 검은배네줄면충의 벌레혹 / 검은배네줄면충
- 개머루혹파리의 벌레혹 / 개머루혹파리

ONE POINT: 개머루혹파리는 봄이면 데코라병꽃나무에, 가을에는 개머루에 벌레혹을 만듭니다. 사진 속 나무는 데코라병꽃나무류입니다.

참나무잎털혹벌의 벌레혹
참나무혹벌의 벌레혹 
참나무혹벌 
오배자면충의 벌레혹
납작잎조롱나무진딧물의 벌레혹
납작잎조롱나무진딧물

오배자면충

참나무순혹벌의 벌레혹 
참나무꽃솜혹벌의 벌레혹 
어리상수리혹벌의 벌레혹
떡갈나무긴다리바구미의 벌레혹

참나무잎털혹벌   참나무순혹벌   참나무꽃솜혹벌   어리상수리혹벌   떡갈나무긴다리바구미 애벌레

풀에 생겨난 벌레혹

풀잎이나 줄기, 덩굴 등에서도 벌레혹을 찾아볼 수 있습니다. 쑥은 어디에서나 잘 자라며 벌레혹의 종류 역시 다양하므로 쉽게 눈에 띕니다.

쇠무릎혹파리의 벌레혹

쇠무릎혹파리

왜혹파리의 벌레혹 (국내 미분포)

외혹파리

쑥혹파리의 벌레혹 (국내 미분포)

쑥혹파리

네줄애기잎말이나방의 벌레혹

네줄애기잎말이나방

배자바구미의 벌레혹

배자바구미

흰털쑥잎혹파리의 벌레혹 (국내 미분포)

흰털쑥잎혹파리

ONE POINT 벌레혹이 생긴 식물을 물병에 꽂아서 기르면 벌레혹을 만든 벌레의 정체를 알아낼 수도 있답니다.

황테감탕벌의 육아방을 막아 놓은 진흙 뚜껑

대나무 통의 구멍이 진흙 뚜껑으로 막혔습니다. 진흙 뚜껑의 지름은 1~2㎝ 정도군요. 이 흔적은 마을의 가정집 주변에서 1년 내내 찾아볼 수 있답니다.

한쪽 마디를 남겨 놓은 길이 20㎝ 정도의 대나무 통입니다.
빗물이 들지 않는 처마 밑에 매달았더니 진흙 뚜껑으로 막혔습니다.

●1년 내내　●한국, 일본　●평지~산지

누가 그랬을까?

진흙 뚜껑을 만들어 놓은 범인은 암컷 황테감탕벌입니다. 텅 빈 대나무 통을 새끼를 키우기 위한 육아방으로 삼은 뒤, 천적으로부터 육아방을 지키기 위해 단단히 굳힌 진흙으로 뚜껑을 덮는답니다. 대나무 통 안에는 나방류의 애벌레를 모아서 저장해 놓습니다.

머금었던 물을 땅바닥에 토해 내 진흙 공을 만듭니다.

나방류의 애벌레를 마취시킨 뒤 대나무 통으로 가지고 돌아옵니다.

진흙을 발라 굳히고 있는 암컷.

나방류의 애벌레를 몇 마리를 넣은 뒤, 알 하나를 낳아 실로 매달아 놓습니다.

진흙 벽으로 칸이 나뉜 육아방으로 왼쪽이 입구, 오른쪽이 안쪽입니다.

치우고 쑥쑥 자라난 애벌레와 번데기.

천적: 왕꽃벼룩

진흙 벽 밖에서 낳은 알에서 깨어나 둥지 안의 애벌레를 먹으며 자라는 천적도 있습니다. 왕꽃벼룩은 신기하게 생긴 곤충이지만 알고 보면 딱정벌레 과랍니다.

애벌레를 먹는 왕꽃벼룩 애벌레(사진의 오른쪽).

왕꽃벼룩의 번데기.

왕꽃벼룩의 어른벌레.

ONE POINT 도시에서도 정원이나 베란다 구석에 대나무 통 아파트를 매달아 놓으면 호리병벌류나 꿀벌류가 둥지를 짓는답니다.

큰호리병벌의 육아방

가정집의 벽이나 가드레일, 나무줄기에서 진흙으로 만든 반죽을 찾아볼 수 있습니다. 길이는 7~10cm 정도로, 딱딱하게 굳어 있지요. 진흙 반죽의 색깔은 지역마다 다르답니다.

동백나무 가지에서도 찾았습니다. 구멍이 뚫려 있네요.

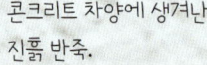

콘크리트 차양에 생겨난 진흙 반죽.

가정집 벽에서도 찾아낸 진흙 반죽.

●1년 내내　●한국, 일본　●평지~산지

누가 그랬을까?

진흙 반죽을 빚어 놓은 녀석은 암컷 큰호리병벌입니다. 이 반죽은 새끼를 키우기 위한 둥지인 육아방으로, 안쪽은 몇 개의 방으로 나뉘어 있지요. 하나의 방에 한 마리의 애벌레가 자랍니다. 육아방 안에서 허물을 벗은 어른벌레가 밖으로 나오면 동그란 구멍이 남습니다.

진흙으로 항아리처럼 생긴 육아방을 만드는 암컷.

육아방 안에 마취한 나방류의 애벌레 몇 마리를 채워 넣고 알을 낳은 뒤 뚜껑을 닫습니다. 이렇게 4~6개의 육아방을 만들었다면 마지막으로 전체에 진흙을 두껍게 발라서 굳혀 버리지요.

알

육아방에서 자라난 애벌레와 번데기.

번데기.

나무줄기에 남은 둥지의 흔적.

ONE POINT 진흙 둥지는 어디에 만드느냐에 따라 공 모양, 공을 반으로 잘라 놓은 모양, 원통 모양 등 그 생김새가 다양합니다.

호리병벌류의 육아방

진흙으로 만든 항아리나 통처럼 생긴 흔적을 이파리 뒷면이나 대나무 통, 나무의 움푹 팬 구멍, 돌담 등에서 찾아볼 수 있습니다. 대부분 빗물이 들지 않는 곳이지요.

이파리 밑에 붙어 있는 진흙 항아리.

지붕 밑 대나무 통 입구에 생겨난 통 모양의 흔적.

느티나무 구멍에 생겨난 통 모양의 흔적.

●1년 내내   ●황다리호리병벌: 한국, 일본 / 줄무늬감탕벌: 일본   ●평지~산지

누가 그랬을까?

다양한 곳에서 발견되는 이 흔적들은 호리병벌류에 속한 사냥벌들이 새끼를 키우기 위해 만들어 놓은 육아방입니다. 황다리호리병벌 등의 암컷은 주로 나방류의 애벌레를 붙잡아 마취해 육아방에 모은 뒤 알을 낳습니다.

먹이를 옮기는 황다리호리병벌.

알을 낳은 뒤 진흙으로 뚜껑을 덮습니다.

← 황다리호리병벌의 애벌레.

둥지 하나에 들어 있던 나방류 애벌레들.

줄무늬감탕벌은 애벌레가 알을 깨면 그때부터 먹이를 육아방으로 옮깁니다.

줄무늬감탕벌의 얼굴.

호리병벌류에 기생하는 왕청벌

청색의 금속 광택이 감도는 왕청벌은 호리병벌류인 줄무늬감탕벌이나 큰호리병벌 등의 진흙 둥지에 몰래 알을 낳습니다. 왕청벌 애벌레는 호리병벌 류의 애벌레를 먹고 자라나지요.

마타리꽃의 꿀을 빨아먹는 왕청벌.

ONE POINT 줄무늬감탕벌은 새끼가 어느 정도 자랄 때까지 둥지 입구를 열어 두고 새끼의 모습을 살피며 먹이를 가져다준답니다.

애매미 애벌레와 매미탑

수많은 매미를 관찰할 수 있는 공원 같은 곳에서는 땅바닥에 솟아난 진흙 탑을 찾아볼 수 있습니다. 높이는 2cm 정도에 지름은 3~4cm입니다. 꼭대기에 지름 1cm인 구멍이 뚫려 있는 탑도 있습니다.

땅바닥에서 찾아낸 진흙 탑.

●7월~9월 ●한국, 중국, 일본 ●평지~산지

누가 그랬을까?

진흙 덩어리는 애매미의 애벌레가 진흙을 밀어 올려서 만들어 놓은 것으로, '매미탑'이라고도 불립니다. 왜 탑을 만드는지 그 이유는 자세히 알려지지 않았답니다. 유지매미의 애벌레 역시 탑을 만듭니다.

애매미는 8월 중순부터 활발하게 허물을 벗기 시작합니다. 허물벗기를 관찰하기 쉬운 시간은 저녁 8시 무렵부터랍니다.

7월 매미탑의 밑을 보니 땅바닥에 지름 1㎝ 정도의 구멍이 뚫려 있었습니다.

구멍 바로 밑에 있던 애매미의 애벌레입니다. 슬쩍 꺼내봤습니다.

따라쟁이들

매미탑과 비슷하게 생겼지만 높이가 더 낮거나, 마치 알갱이나 튜브에서 삐져나온 것처럼 생긴 모습을 찾아볼 수 있습니다. 이것들은 지렁이류가 눈 똥이랍니다.

ONE POINT 땅바닥이 고스란히 드러나 있는 공원에서는 매미탑을 보기 쉽습니다.

흔적 모음집 ⑤
벌집

벌집은 마당이나 공원 같은 우리 주변에서도 찾아볼 수 있습니다. 특히 겨울에는 벌집 안이 텅 비기 때문에 자세히 살펴볼 수도 있고 채집도 할 수 있지요. 벌집의 생김새를 통해 벌의 종류를 알아낼 수도 있답니다.

재래꿀벌

흔히 드러나 있는 벌집은 보기 드물지요. 벚나무 가지에 만들어진 벌집입니다.

황말벌

창고 처마 밑에서 찾아낸 지름 45cm의 벌집.

별쌍살벌

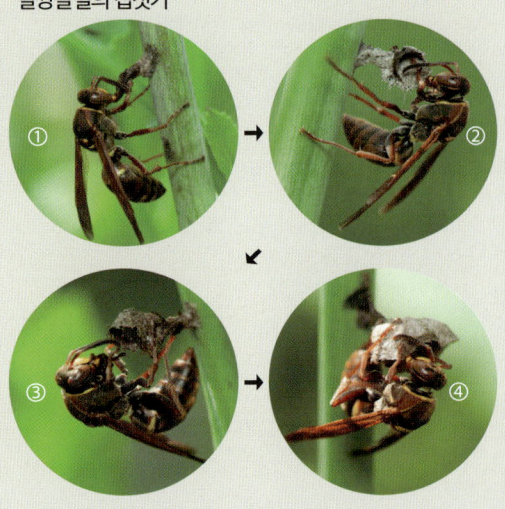

별쌍살벌의 집짓기

① → ② → ③ → ④

ONE POINT 재래꿀벌은 건물 틈새에 벌집을 짓는 경우가 많은데, 가끔씩 밖으로 드러나 있는 벌집도 찾아볼 수 있습니다.

둥지를 짓는 쫌말벌
첫 둥지는 겨울을 넘긴 여왕벌이 혼자서 짓는답니다.

초기의 둥지.

장수말벌

장수말벌은 땅속에 둥지를 짓지만 일부가 땅 위로 튀어나와 있었습니다.

꼬마쌍살벌

뱀허물쌍살벌

등검정쌍살벌

두눈박이쌍살벌

큰별쌍살벌

큰뱀허물쌍살벌

ONE POINT 벌집의 재료는 갉아 낸 썩은 나무를 침과 섞어 만든 지점토로, 나무의 색깔에 따라 벌집의 벽에 무늬가 생겨난답니다.

창문 ① 빨간여뀌잎벌레 애벌레가 먹고 간 흔적

봄에 벚나무 같은 나무를 올려다보면 이파리에서 창문처럼 투명해진 부분을 잔뜩 찾아볼 수 있습니다. 하얀 점투성이로 변한 벚나무 이파리를 멀리서도 금방 알아보겠네요.

장소에 따라서는 가로수로 심어진 벚나무 잎 대부분에서 이런 흔적이 눈에 띄기도 합니다.

●4월~9월   ●일본   ●평지~산지

누가 그랬을까?

얇은 막만 남긴 채 이파리를 깎아 내듯 먹어 치운 범인은 빨간여뀌잎벌레의 애벌레였습니다. 때로는 파먹은 부분이 뚫려서 구멍이 생기기도 한답니다.

5월 중순, 이파리를 뒤집어서 뒤쪽을 살펴보니 애벌레가 있었습니다.

조심스럽게 이파리 뒤쪽을 살펴보니 잎맥 부분을 깎아 낸 자리에 낳은 동그란 갈색 알을 찾아볼 수 있습니다.

두 번 허물을 벗고 3령이 된 애벌레는 얼마 후 땅으로 내려가 땅속으로 파고들어 번데기가 됩니다. 애벌레로 있는 기간은 14일, 번데기로 있는 기간은 6일이랍니다.

ONE POINT 벚나무류가 심어져 있더라도 이 흔적을 쉽게 찾아볼 수 있는 곳이 있는가 하면 좀처럼 찾아보기 힘든 곳도 있습니다.

일본외발톱바구미 애벌레가 갉아먹은 흔적

광나무 이파리에 창문이 콕콕 박혀 있길래 밑에서 올려다보니 투명해진 부분을 똑똑히 확인할 수 있었습니다. 수많은 창문이 생겨난 부분은 가지 끄트머리에 달린 어린 이파리입니다. 이 흔적은 나무 한 그루에서 잔뜩 찾아볼 수 있답니다.

이파리 뒤쪽에서 표면을 깎아 낸 듯한 흔적으로, 얇은 막이 창문처럼 남아 있습니다.

●4월 말~7월　●한국, 일본　●평지의 공원이나 정원수 등

누가 그랬을까?

4월 말에서부터 5월까지 광나무의 어린 이파리 뒷면에서 갈색을 띤 일본외발톱바구미의 애벌레를 찾아볼 수 있습니다. 애벌레의 몸은 끈적끈적한 막으로 덮여 있어서 촉촉해 보이네요.

애벌레는 다리가 없기 때문에 쩍쩍 들러붙는 힘을 이용해 기어가듯 움직입니다.

이파리뿐 아니라 봉오리도 잘 먹지요.

때로 달려드는 바람에 이파리가 온통 투명해지기도 한답니다.

고치 밖으로 나온 어른벌레

 →  →  →  →  →

다 자란 애벌레는 이파리의 표면 따위에 고치를 만들어서 번데기가 됩니다. 애벌레의 몸을 뒤덮는 끈적끈적한 막이 단단한 공처럼 생긴 벽이 되면 안에서는 두껍게 막을 발라 모양을 잡는답니다.

번데기가 되고 2주 정도가 지나면 고치 안에서 허물을 벗은 어른벌레가 턱으로 고치를 찢어서 금을 낸 뒤 밖으로 나옵니다. 여기에는 8시간 정도가 걸립니다.

ONE POINT 고치의 형태가 거의 완성된 뒤로도 한동안은 안에서 쉴 새 없이 머리를 움직이는 애벌레의 모습을 엿볼 수 있습니다.

창문 ③ 흰띠알락나방 애벌레가 먹고 간 자리

이 흔적은 공원이나 정원 등에 심어진 사스레피나무에서 1년 내내 찾아볼 수 있습니다. 이파리에서 창문처럼 희끄무레한 부분이 보입니다. 장소에 따라서는 사스레피나무 한 그루의 거의 모든 이파리에 이 흔적이 생겨나기도 한답니다.

사스레피나무 이파리의 표면이 벗겨져서 하얗게 변했네요.

●1년 내내　●한국, 일본, 중국, 대만　●평지~산지

누가 그랬을까?

사스레피나무 이파리 뒷면에서 이파리의 표면을 깎아 갉아먹은 범인은 흰띠알락나방의 초령 애벌레였습니다. 한곳에서 조금 먹다가 자리를 옮기기 때문에 갉아먹은 흔적이 남게 되지요.

종령 애벌레로 자라나면 앞쪽으로 올라와 이파리를 테두리부터 갉아먹습니다.

애벌레의 머리는 몸 아래쪽에 숨겨져 있지만 움직일 때는 보입니다.

다 자란 애벌레는 사스레피나무의 잎 앞쪽에 고치를 만든 뒤, 끈끈한 액체로 단단하게 벽을 굳힙니다.

천적 고치 안에서 찾아낸 기생파리의 번데기입니다. 흰띠알락나방의 애벌레는 고치를 완성한 뒤 몸 안에 있던 기생파리 애벌레에게 양분을 빼앗겨 죽고 맙니다.

⚠️ 애벌레가 내뿜는 끈끈한 액체를 조심하세요

흰띠알락나방의 애벌레를 건드리면 몸에서 액체가 나옵니다. 이 액체를 만지면 살갗이 부어오르거나 가려워지니 조심하세요.

ONE POINT 도시에 산울타리로 심은 사스레피나무에서도 이 흔적을 볼 수 있는데, 애벌레가 많을 때는 이파리 전체가 벗겨집니다.

대나무쐐기알락나방의 애벌레가 파먹은 흔적

표면이 벗겨져 새하얗게 변해 버린 조릿대류의 이파리입니다. 시든 것처럼 보이기도 하지만 알고 보면 이것 역시 벌레가 남긴 흔적이랍니다. 장소에 따라서는 엄청나게 많은 흔적이 발견되기도 하지요.

표면이 벗겨져서 새하얗게 변한 조릿대류의 이파리입니다.

아예 이파리가 깡그리 사라져버리기도 한답니다.

●1년 내내　●한국, 일본　●평지~산지의 조릿대 밭

누가 그랬을까?

조릿대류의 이파리 뒷면을 깎아 내듯 먹어 치운 녀석은 대나무쐐기알락나방의 초령 애벌레입니다. 조릿대 이파리 뒷면에 모여든 애벌레들은 얄팍한 막만 남기고 모조리 갉아 먹기 때문에 이파리는 완전히 하얗게 변하고 말지요.

밥을 먹다가 쉬고 있는 애벌레 무리.

애벌레는 떼로 몰려들어 얇은 막만 남겨 놓고 이파리 뒷면을 갉아먹습니다.

중령이나 종령으로 자라난 애벌레는 이파리를 테두리부터 갉아먹습니다.

다 자란 애벌레는 조릿대류를 떠나 온갖 틈새에 고치를 만듭니다.

천적

대나무쐐기알락나방 애벌레의 천적으로는 쌍무늬먼지벌레의 애벌레가 있습니다.

⚠️ 애벌레의 독침 같은 털을 조심하세요

대나무쐐기알락나방 애벌레의 몸에는 독침 같은 털이 있어서 위험하니 조심하세요.

ONE POINT 새하얀 흔적은 멀리서도 쉽게 찾아볼 수 있습니다. 고치는 나무껍질 밑이나 돌멩이 밑처럼 딱딱한 곳에 있답니다.

모시긴하늘소와 닮은흰점하늘소가 갉아먹은 흔적

섬모시풀 이파리의 하얀 뒷면에 갈색 줄기 같은 흔적이 눈에 띕니다. 자세히 보니 군데군데 끊어진 부분이 있네요. 동백나무 이파리 뒷면에도 비슷한 갈색 줄기가 보이는군요. 둘 다 잎맥이나 이파리 뒷면을 갉아먹은 흔적임을 알 수 있습니다.

줄기 ①

섬모시풀 이파리의 하얀 뒷면에 갈색 줄이 생겨나 있습니다.

동백나무 이파리의 뒷면에도 갈색 줄기 같은 흔적이 있네요.

●섬모시풀: 5월~8월 / 동백나무: 1년 내내　●일본　●평지~산지

누가 그랬을까?

섬모시풀의 잎맥을 갉아먹은 녀석은 모시긴하늘소입니다. 섬모시풀의 줄기 안에서 자란 애벌레는 어른벌레가 되면 섬모시풀의 이파리를 먹습니다. 어른벌레가 된 후 먹이를 먹는 것을 '후식'이라고 부른답니다.

잎맥을 갉아먹는 어른벌레.

어른벌레가 된 모시긴하늘소는 이파리의 잎자루까지 갉아먹기 때문에 이파리 전체가 하얗게 시들고 만답니다.

모시긴하늘소 수컷은 위에 올라 있으며, 암컷은 얼굴의 무늬로 구분할 수 있습니다.

누가 그랬을까?

동백나무 이파리의 뒷면을 갉아먹은 범인은 닮은흰점하늘소입니다. 무척 예민한 하늘소여서 사람이 다가가면 금세 날아가기 때문에 이파리를 갉아먹는 모습을 직접 살펴보기란 여간 어려운 일이 아니랍니다. 동백나무 외에도 노린재나무나 빈도리 등의 이파리를 갉아먹기도 합니다.

ONE POINT 하늘소 무리는 조심성이 많기 때문에 하늘소가 앉아 있는 풀은 건드리지 말고, 놀라지 않도록 조심스럽게 다가가세요.

줄기 · 귀매미가 알을 낳은 흔적

가시나무의 가는 줄기에 가느다란 세로줄이 새겨져 있습니다. 마치 칼로 그어놓은 듯한 세로줄이 곳곳에 늘어서 있네요.

열흘 정도 지나자
세로줄이 살짝 벌어져 있었습니다.

●5월~6월　●한국, 중국, 일본, 대만　●평지~산지의 숲

누가 그랬을까?

이 세로줄은 암컷 귀매미가 알을 낳은 흔적입니다. 귀매미는 산란관의 끝부분으로 줄기의 표면을 찢은 뒤, 그 자리에 산란관을 꽂아서 나무 안쪽에 알을 심어 놓습니다. 귀매미는 가시나무 외에도 다양한 나무에 알을 낳습니다.

귀매미의 몸길이는 15mm 정도입니다. 노린재목 뿔매미과에 속하며, 빨대처럼 긴 주둥이로 다양한 식물의 즙을 빨아먹습니다.

귀처럼 튀어나온 가슴의 돌기는 수컷보다 암컷이 더 큽니다.

4령 애벌레.

5령 애벌레.

4령 애벌레일 때 낙엽 밑이나 나무줄기 표면, 벼랑 따위에 달라붙어서 겨울을 보냅니다. 팽나무 밑동에 떨어진 낙엽에서 흑백알락나비의 월동 애벌레를 찾다가 발견한 적이 있지요. 4월에 허물을 벗고 5령이 되며, 5~6월에 허물을 벗고 어른벌레가 됩니다.

알을 낳아서 생긴 다양한 흔적들

알을 낳아 생겨난 흔적은 시간이 지나면서 메워지지만 대신 점점 넓어져 딱지 자국처럼 변하는 듯합니다. 이것이 귀매미가 알을 낳은 흔적인지 아닌지는 조금 더 관찰해 봐야겠습니다.

느티나무.

종가시나무.

예덕나무.

ONE POINT 귀매미는 여름밤이면 불빛에 달려듭니다. 자세한 생태는 알려지지 않았기 때문에 어린 애벌레를 본 적은 없답니다.

땅강아지의 터널

밭이나 배수로 바닥에 고인 진흙 표면에 금이 간 흔적이 보입니다.

줄기 ③

배수로 바닥에 고인 진흙에 금이 가 있네요.

밭에서 흙이 솟아오른 듯한 흔적을 찾았습니다.

●거의 1년 내내(겨울 제외)　●한국, 중국, 일본, 대만　●주로 평지

누가 그랬을까?

땅바닥에 금이 간 듯한 모습은 땅강아지가 땅속을 파헤치며 지나간 흔적입니다. 땅강아지는 메뚜기류 곤충으로, 몸길이는 3㎝ 정도랍니다. 앞다리가 튼튼한 괭이처럼 생겼기 때문에 흙을 힘껏 퍼낼 수 있지요.

앞다리.

땅속에서 지내는 두더지의 앞다리와도 닮았습니다.

땅강아지는 밤이 되면 땅속에서 기어 나와서 활기차게 돌아다닙니다. 불빛에 날아드는 경우도 있지요. 사진은 거미에게 붙잡힌 땅강아지입니다.

ONE POINT 수컷은 "지잉~"이라고 울지만 암컷은 짧게 끊어서 "지, 지, 지"라고 웁니다. 어른벌레는 수영을 좋아합니다.

매미류가 알을 낳은 흔적

공원에 있는 등나무로 만든 기둥이나 들보에 바늘로 찌른 듯한 작은 구멍이 콕콕 뚫려 있습니다. 이 흔적은 나무로 된 온갖 물건 외에도 나무줄기나 가지에서도 찾아볼 수 있습니다.

나무 기둥에 바늘로 찌른 듯 작은 구멍이 이어져 있습니다.

죽은 멀구슬나무 가지에 구멍이 뚫려 거스러미가 생겼네요.

삼나무 껍질에서도 점 같은 흔적을 쉽게 볼 수 있습니다.

나무 말뚝에서도 찾아 볼 수 있습니다.

●1년 내내 ●한국, 일본 ●평지~산지

누가 그랬을까?

점 같은 이 구멍은 매미류가 알을 낳은 흔적입니다. 몇몇 종류를 제외한 대부분의 매미들은 썩은 나뭇가지에 알을 낳습니다. 매미가 살아가는 곳에 나무로 된 말뚝 따위가 있다면 그곳에도 알을 낳는답니다.

알 껍질.
알 껍질.
알 껍질.

삼나무 껍질과 나무 말뚝에 난 구멍은 유지매미가 알을 낳은 흔적입니다. 벗겨 낸 나무껍질을 뒤집어 본 모습입니다.

산란관을 찔러서 알을 낳는 말매미.

하나의 구멍에는 여러 개의 알이 들어 있습니다.

산란관의 끝부분.
말매미. →
← 유지매미.

딱딱한 썩은 나뭇가지에 알을 낳기 위해 산란관의 끝부분은 굵고 날카로우며 단단하게 되어 있습니다. 양쪽 가장자리에는 톱 같은 이가 나 있지요.

ONE POINT 유지매미 애벌레는 장마철에 알을 깨고 나옵니다. 그리고는 나뭇가지에서 땅바닥으로 뛰어내린답니다.

흔적 모음집 ⑥
허물

허물을 벗으며 자라는 곤충은 자신이 벗은 허물을 남겨 두기도 합니다. 허물의 생김새나 허물이 발견되는 장소를 통해 곤충의 이름이나 대충 몇 마리나 살고 있었는지, 얼마나 자랐는지를 상상해 볼 수도 있지요.

나무에서 찾아낸 허물

매미의 허물은 누가 벗어 놓은 것인지 쉽게 알아낼 수 있으므로 허물을 보면 어떤 곳에 어떤 매미가 사는지를 조사할 수 있습니다.

털매미

말매미

저녁매미 (국내 미분포) | 민민매미 (국내 미분포) | 유지매미 | 털매미 | 애매미 | 곰매미 (국내 미분포)

유지매미 | 봄매미(국내 미분포) | 민민매미(국내 미분포)

ONE POINT 털매미의 허물은 진흙투성이인데, 그 이유는 아직 자세히 밝혀지지 않았답니다.

◆ 표시가 된 허물은 어른벌레가 남겨놓은 번데기 껍질로, 완전 변태를 하는 곤충*의 흔적입니다.

*완전 변태를 하는 곤충……애벌레가 어른벌레로 거듭날 때 번데기 과정을 거치는 곤충을 가리킵니다. 불완전 변태를 하는 곤충은 번데기를 거치지 않습니다.

썩은 나무에서 찾아낸 허물

풀에서 찾아낸 허물

거미류나 메뚜기류의 허물은 비바람에 날아가기 쉬우니 찾아냈다면 곧바로 기록을 남겨 두세요.

물가에서 찾아낸 허물

하루살이류나 잠자리류 따위의 허물은 쉽게 부스러지거나 날아가기 때문에 어쩌다 마주쳤다면 대단한 행운이랍니다.

강도래류
장수잠자리
푸른측범잠자리
검은물잠자리
황줄왕잠자리

ONE POINT 허물은 플라스틱 용기에 넣어서 가져갑시다. 허물을 꺼낼 때에는 핀셋이나 집게가 있으면 편리해요.

천막벌레나방 애벌레의 둥지

과수원이나 마당에 있는 매화나무, 벚나무류, 복숭아나무, 산에서 볼 수 있는 상수리나무나 버드나무 같은 나무의 나뭇가지 사이에 실이 쳐진 흔적을 볼 수 있습니다.

텐트 ①

흔적의 크기는 한 변의 길이가 10~15cm. 안에 들어 있는 검은 똥이 보이네요.

●5월~7월　●한국, 일본　●평지~산지

누가 그랬을까?

텐트 모양으로 실이 쳐진 이 흔적은 천막벌레나방 애벌레의 둥지입니다. 애벌레는 실을 이용해서 막을 만들고 이곳에 무리를 지어 살아갑니다. 하얀 실로 만든 텐트는 멀리서도 쉽게 알아볼 수 있기 때문에 '텐트나방'이라 불리기도 합니다.

2령 애벌레 무리이며, 이파리를 모두 먹었다면 다른 나뭇가지로 이사를 가지요.

나뭇가지에 붙은 채 겨울을 나는 알들.

종령 애벌레가 되면 뿔뿔이 흩어집니다.

상수리나무 이파리를 먹는 종령 애벌레.

먹이로 삼던 나무를 떠나서 고치를 만들 준비를 합니다.

완성된 고치.

ONE POINT 애벌레는 독이 있을 것 같지만 독은 없습니다. 어른벌레는 불빛에 날아드는 경우도 있지만 만나 볼 기회는 드물지요.

벼슬집명나방 애벌레의 둥지

붉나무나 검양옻나무, 가래나무나 가죽나무의 가지를 살펴보면 텐트처럼 실이 쳐진 흔적을 찾아볼 수 있습니다. 실에 휘감긴 나뭇가지의 이파리는 대부분 뜯어 먹혔거나 시들어 있지요.

붉나무에서 찾아낸 흔적.

검양옻나무에서 찾아낸 흔적.

누가 그랬을까?

텐트 모양으로 실이 쳐진 흔적은 벼슬집명나방 애벌레의 둥지입니다. 애벌레는 무리를 지어 실을 토해내 이파리를 칭칭 감싼 뒤, 실로 만든 텐트 안에서 이파리를 갉아먹는답니다.

실 텐트 안에서 이파리를 먹는 종령 애벌레.

이사를 가는 종령 애벌레.

다 자란 종령 애벌레는 땅으로 내려와 감 씨앗처럼 생긴 이중으로 된 고치를 만듭니다.

따라쟁이들

벚나무류(왕벚나무)의 가지에서도 텐트처럼 생긴 둥지를 찾아볼 수 있습니다. 이것은 무지개납작잎벌의 애벌레가 남긴 흔적으로, 무지개납작잎벌의 암컷은 이파리 뒷면에 한데 모아서 알을 낳는답니다.

알을 낳는 무지개납작잎벌.

애벌레의 초기 둥지.

충분히 자란 애벌레의 둥지.

ONE POINT 줄무늬납작잎벌의 애벌레도 벚나무류의 이파리를 먹습니다. 암컷이 꽁무니를 흔들어 알을 낳을 때는 춤추는 것 같지요.

황줄점갈고리나방의 번데기방

온갖 나무들이 우거진 숲에서 졸참나무나 상수리나무 이파리의 잎자루 부근에 황갈색 실이 텐트처럼 쳐진 흔적을 찾아볼 수 있습니다. 텐트 주변을 살펴보니 이파리 표면이 벗겨져서 갈색으로 변한 곳이 있네요.

황갈색 실이 눈에 띕니다.

끝부분이 갈색으로 변한 졸참나무 이파리.

●초여름과 가을 　●한국, 중국, 일본 　●평지~산지

*번데기방……번데기가 되기 위해 만들어 놓는 방입니다.

누가 그랬을까?

황갈색 실로 만들어진 이 텐트는 황줄점갈고리나방의 번데기가 들어 있는 번데기방*입니다. 줄기 쪽 이파리가 배 모양으로 접혀 있고, 천장은 실로 만든 지붕으로 덮여 있습니다. 이파리 표면에 생겨난 갈색으로 변한 부분은 애벌레가 갉아먹은 흔적이랍니다.

이파리의 표면을 핥아먹듯이 갉아 대는 애벌레.

이파리 위에서 몸을 동그랗게 만 채 쉬고 있는 애벌레입니다. 움직일 때나 먹이를 먹는 동안에는 몸을 곧게 펴고 있지만 위험을 느끼면 움직임을 멈추고 몸을 동그랗게 말지요.

실 텐트를 뜯어내고 본 번데기.

따라쟁이들

졸참나무나 상수리나무 이파리에서는 황줄점갈고리나방의 번데기방 말고도 실로 짜 놓은 텐트 모양 흔적을 잘 살펴보세요. 흰눈썹깡충거미 역시 실로 만든 텐트 안에서 알을 낳는답니다.

흰눈썹깡충거미가 알을 낳는 텐트.

ONE POINT 갈고리나방류인 유리창갈고리나방의 애벌레도 상수리나무나 졸참나무에서 볼 수 있습니다. 꼭 새똥처럼 생겼지요.

우묵날개원뿔나방 애벌레의 둥지

공원이나 마당, 숲에 있는 온갖 나무들의 이파리를 보면 구멍이 난 부분에 실로 촘촘하게 쳐 놓은 텐트 모양 흔적을 찾아볼 수 있습니다. 이파리를 뒤집어 보면 실이 구멍보다 넓게 쳐져 있다는 사실을 알 수 있습니다.

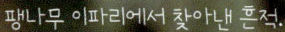

팽나무 이파리에서 찾아낸 흔적.

산수국 이파리에서 찾아낸 흔적.

벚나무류 이파리에서 찾아낸 흔적.

상수리나무 이파리의 뒷면에서 본 흔적.

●봄~초가을   ●한국, 일본   ●평지~산지

누가 그랬을까?

이파리에 구멍을 뚫고 텐트 모양으로 실을 쳐 놓은 녀석은 우묵날개원뿔나방의 애벌레였습니다. 애벌레는 이파리 밑에서 머리를 왼쪽, 오른쪽으로 흔들어서 실로 띠 모양의 텐트를 친 다음, 이파리와 텐트 사이에 몸을 숨긴답니다.

상수리나무 이파리 뒤에서 본 둥지와 애벌레.

애벌레는 둥지 안에서 이파리를 갉아먹기 때문에 구멍은 점점 가늘고 길게 넓어진답니다.

다 자란 애벌레는 둥지 안에서 번데기 방을 만들어 번데기가 됩니다.

번데기방.

번데기.

따라쟁이들

매화가지나방의 애벌레는 매화나무에서 자라나지만 번데기가 되면 다른 나무로 이사를 가기도 합니다. 사진 속 애벌레는 텐트 모양의 그물을 쳐 놓은 채 번데기로 변해 있습니다.

푸른빛집명나방의 애벌레입니다.

ONE POINT 실로 만든 텐트 안쪽에 숨어 있는 애벌레를 제대로 살펴보려면 낮에도 작은 손전등을 써야 됩니다.

하늘소 애벌레가 파낸 나무 부스러기와 똥

상수리나무나 졸가시나무 같은 나무의 줄기에서 볼 수 있는 흔적으로, 가느다란 보풀 같은 나무 부스러기가 작은 구멍에서 삐져나와 있습니다.

구멍이 난 상수리나무 줄기에서 하얀 나무 부스러기와 수액이 흘러나오고 있네요.

졸가시나무 가지에도 나무 부스러기가 삐져나와 있습니다.

●여름~가을 ●한국, 중국, 일본 ●평지~산지

누가 그랬을까?

터널을 파고 나무 속으로 들어간 하늘소의 애벌레는 그 안에서 양분을 얻으며 자라납니다. 파낸 나무 부스러기와 똥은 줄기에 뚫린 작은 구멍을 통해 밖으로 버리지요.

상수리나무 밑동에 잔뜩 쌓인 나무 부스러기와 똥. 여러 마리의 애벌레가 들어 있습니다.

애벌레가 상수리나무에 파놓은 오래된 터널입니다. 나무 중심에 여러 개의 터널이 모여 있네요.

터널 안에 있던 하늘소의 애벌레.

번데기 방에 들어가 있던 전용. 번데기 방 한쪽은 나무 부스러기로 만든 벽에 가로막혀 있습니다.

번데기로 변했습니다. 번데기에서 어른벌레가 된 뒤, 구멍을 파서 밖으로 나옵니다.

ONE POINT 🐛 흰점박이회색하늘소나 뽕나무하늘소 역시 똑같은 흔적을 남깁니다.

베짱이붙이가 알을 낳은 흔적

여러 나뭇가지에서 희끄무레한 나무 부스러기가 튀어나와 있는 모습을 찾을 수 있습니다. 나무 부스러기는 가지 아래쪽에 붙어 있으며, 길이는 5~10㎝ 정도입니다. 튀어나온 나무 부스러기 대신 갈라진 흔적만 남아 있기도 합니다.

유자나무 가지에서 찾은 튀어나온 흔적. 길이는 8㎝.

졸참나무 가지에 생긴 툭 튀어나온 흔적. 길이는 5㎝.

졸참나무 가지에서 찾아낸 갈라진 흔적. 길이는 4㎝.

●1년 내내　●한국, 일본, 대만　●평지~산지의 숲 가장자리

누가 그랬을까?

툭 튀어나온 나무 부스러기는 베짱이붙이가 알을 낳은 흔적입니다. 부스러기로 채워진 가지 안에는 알이 들어 있습니다.

산란관을 꽂아 알을 낳습니다.

산란관.

얄팍한 알이 두 줄로 나란히 채워져 있습니다.
알의 개수는 흔적의 길이를 통해 알 수 있는데, 20~40개 정도입니다.

알을 낳은 자리에 주둥이로 나무 부스러기를 채웁니다.

알에서 겨울을 보내고 이듬해 4~5월 무렵, 이른 아침에 한꺼번에 알을 깨고 나옵니다.

따라쟁이들

베짱이붙이가 알을 낳는 자기의 지름은 5~8㎜정도입니다. 그보다 가느다란 가지에서는 일본날개매미충이 알을 낳아 놓은 흔적을 찾아볼 수 있습니다.

가느다란 팽나무 가지에 툭 튀어나온 흔적.

가지 안에 심어진 알들.

알.

일본날개매미충은 노린재목 큰날개매미충과의 곤충입니다.

ONE POINT 수컷은 소리를 내어 울지만 듣기 어렵습니다. 알에서 나오는 모습을 보려면 가지가 시들지 않게 물병에 꽂아 두세요.

먹조롱박벌 둥지의 뚜껑

대나무 통의 구멍에 시든 풀이 삐져나오는 경우가 있습니다. 대나무 통 말고도 썩은 나무에 생긴 구멍이나 쇠파이프 같은 구멍에서도 찾을 수 있지요.

쇠파이프에서 찾은 흔적.

대나무 통에서 찾은 흔적.

누가 그랬을까?

먹조롱박벌은 잡은 먹이를 마취해서 대나무 통 같은 가느다란 구멍에 모아 둡니다. 구멍은 새끼를 키우기 위한 둥지가 되고, 먹잇감은 새끼들의 밥이 되지요. 먹잇감을 모아 놓고 알을 낳은 뒤, 시든 풀 따위를 잔뜩 꽂아서 둥지의 구멍을 막는답니다.

고치.

고치가 들어 있던 둥지.

먹이는 주로 쌕쌔기류.

입구를 막을 지푸라기를 물고 돌아갑니다.

먹이를 모아 놓고 알을 낳은 뒤, 지푸라기를 채우기 시작합니다.

ONE POINT 암컷이 먹잇감을 물고 오는 사이에 둥지 근처에서는 기생파리가 알을 까 놓을 기회를 노리며 날아다니고 있답니다.

큰멋쟁이나비 애벌레의 둥지

햇볕이 잘 드는 풀밭에 무리를 지어 자라난 섬모시풀입니다. 이 안에서 뭔가 하얀 흔적이 보이네요. 이파리가 책처럼 반으로 접힌 흔적입니다.

이파리의 하얀 뒷면이 눈에 띕니다.

한곳에서 수많은 흔적을 발견했습니다.

무리를 지어 자라난 섬모시풀.

●5월~11월　●한국, 중국, 일본, 극동 러시아 등지　●밝은 숲

누가 그랬을까?

책처럼 반으로 접힌 흔적은 큰멋쟁이나비 애벌레의 둥지였습니다. 초령 애벌레는 처음에 어린 이파리를 접어서 둥지를 만들지만 자라남에 따라 점차 큰 둥지를 만들게 된답니다. 둥지 안쪽에서 이파리를 갉아먹다가 둥지가 작아지면 이사를 가지요.

초령 애벌레.

애벌레는 이파리 위에서 몸을 일으킨 뒤, 실을 토해 내 이파리의 양쪽 테두리를 맞붙입니다.

애벌레는 조심성이 강해서 금세 둥지 안으로 몸을 숨긴답니다.

거의 다 뜯어 먹힌 둥지. 똥이 보이네요.

다 자란 애벌레는 둥지의 천장에 꽁무니를 붙인 채 번데기가 됩니다.

천적: 육식성 노린재

책처럼 생긴 둥지에 숨어 있더라도 천적에게 공격을 받는 경우가 있습니다. 흰테주둥이노린재는 풀밭에서 쉽게 찾아볼 수 있는 육식성 노린재로, 나방이나 나비의 애벌레를 즐겨 먹는답니다.

둥지 안의 애벌레를 찾아내 피를 빨아 먹는 흰테주둥이노린재.

ONE POINT 기생파리가 애벌레의 몸에 알을 낳아 번데기에서 기생파리의 애벌레가 튀어나오는데, 이때 번데기는 죽고 만답니다.

사과남방뿔나방 애벌레의 둥지

여름이면 예덕나무나 밤나무, 칡덩굴의 이파리 끝부분에서 책처럼 반으로 딱 접힌 흔적을 찾아볼 수 있습니다. 자세히 살펴보면 이파리를 잘라서 실로 붙여 놓았다는 사실을 알 수 있답니다.

예덕나무 이파리 끄트머리에서 찾아낸 흔적.

밤나무 이파리 끄트머리의 흔적.

칡 이파리 끄트머리에서 찾은 흔적.

●6월~8월　●한국, 중국, 일본　●산길 따위

누가 그랬을까?

이파리 끝부분을 자른 뒤 접어서 실로 붙여 놓은 이 흔적은 사과남방뿔나방 애벌레의 둥지랍니다. 애벌레가 먹는 식물의 종류는 무척 다양하기 때문에 나무뿐 아니라 풀에서도 이런 흔적을 찾아볼 수 있지요.

호장근 이파리에 만들어진 번데기방.

둥지 밖으로 나온 애벌레.

사과남방뿔나방의 번데기.

애벌레의 집짓기

① 이파리 끝부분의 주변을 잘라놓은 뒤, 실을 붙입니다.

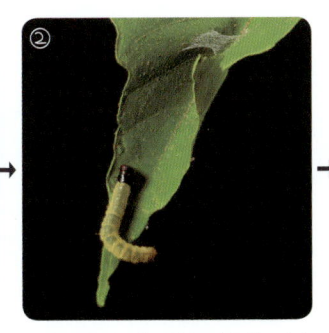

② 실이 오므라드는 힘을 이용해 이파리를 접어 나갑니다.

③ 실로 천장을 만듭니다.

④ 둥지가 완성되었습니다. 이파리가 책처럼 반으로 접혔네요.

ONE POINT 애벌레가 둥지를 짓는 모습은 쉽게 관찰할 수 있습니다. 애벌레를 움직이게 할 때는 작은 붓을 이용하면 편리하답니다.

남방남색부전나비 애벌레의 둥지

온갖 나무들로 우거진 숲에서 상수리나무의 어린 이파리를 보다 보면 이파리의 앞면이 바깥으로 나오게끔 통 모양으로 접어 놓은 흔적을 볼 수 있습니다. 맞닿은 이파리에 갉아먹은 자국이 남아 있을 때도 있습니다.

통 모양의 흔적.

이파리 안으로 개미가 드나들고 있네요.

상수리나무의 어린잎.

106　●5월~10월　●한국(제주도), 일본 혼슈(간토 이남)　●평지~산지

누가 그랬을까?

종가시나무의 어린 이파리에서 찾아낸 이 흔적은 남방남색부전나비 애벌레가 만든 둥지랍니다. 입에서 토해 낸 실로 이파리를 꿰매 놓은 것이지요.

왜 둥지에 개미가 있을까요?

개미는 애벌레의 꽁무니에 있는 꿀샘에서 나오는 꿀을 먹기 위해 옵니다.

알은 어린 이파리나 싹에서 찾아볼 수 있습니다.

개미가 애벌레에게로 모여들고 있습니다.

꿀샘.

애벌레는 위험을 느끼면 두 개의 하얀 돌기에서 개미를 꼬드기는 물질을 내보낸답니다.

다 자란 애벌레는 땅으로 내려와 시든 이파리나 풀 사이에서 번데기가 됩니다.

따라쟁이들

돌참나무(일본)의 어린 이파리에서도 똑같이 통처럼 접힌 흔적을 볼 수 있습니다. 이것은 남방남색꼬리부전나비의 애벌레가 만든 둥지입니다.

애벌레의 둥지.

둥지 안에 있던 애벌레.

어째서인지 개미는 번데기에도 모여든답니다. 낙엽 안에서 번데기를 찾을 때는 개미를 따라가면 됩니다.

무지개띠붉은수염나방의 번데기방

① 칡 이파리에서 찾아낸 접힌 흔적입니다. 오려 내진 이파리의 가운데 부분이 책처럼 꼭 닫혀 있네요.

칡 이파리.

② 종가시나무 이파리에서도 마찬가지로 접힌 흔적을 찾아볼 수 있습니다.

종가시나무 이파리.

①과 ②같은 흔적은 봄부터 가을, 그리고 겨울에도 찾아볼 수 있습니다.

●1년 내내 ●일본, 인도, 미얀마, 인도네시아 등지 ●평지~산지의 숲

누가 그랬을까?

단단히 붙어 있는 접힌 흔적은 무지개띠붉은수염나방의 애벌레가 만들어 놓은 번데기방이랍니다. 번데기방은 이파리를 오려 낸 뒤, 토한 실을 안쪽 전체에 꼼꼼히 발라서 만듭니다. 실로 만든 벽을 덧대서 오려 낸 이파리를 단단히 짜 맞추는 것이지요. 이 번데기방이 완성되기까지는 8시간 정도가 걸린답니다. 애벌레의 주된 먹이는 천선과나무나 졸참나무, 개가시나무 등이지만 번데기방을 지을 때는 다양한 식물들로 자리를 옮기므로 번데기방이 발견되었다 해서 꼭 그 식물을 먹는다고는 볼 수 없습니다.

①번 번데기방

①번 번데기방을 열어 보니 번데기 껍질이 남아 있습니다. 이것은 어른벌레가 우화했다는 증거랍니다. 동그란 벽을 뚜껑처럼 열고 실을 조금 끊어서 몸을 내민 뒤, 날개가 달린 어른벌레가 되면 밖으로 나온답니다.

②번 번데기방

②번 번데기방의 바깥쪽에는 동그랗고 작은 구멍이 뚫려 있습니다. 그리고 번데기방 안의 번데기에도 입으로 찢은 구멍이 뚫려 있고, 안쪽은 비어 있습니다. 이 구멍은 기생벌이 번데기의 속살을 몽땅 먹어 치운 뒤, 번데기방의 벽에 구멍을 뚫고 나온 흔적이 아닐까요.

주걱처럼 생긴 털을 지닌 애벌레.

번데기방을 열어 봤습니다. 애벌레의 검은 껍데기도 남아 있네요.

번데기방을 열어 봤습니다. 번데기에도 구멍이 뚫려 있군요.

ONE POINT 무지개띠붉은수염나방의 애벌레는 천선과나무의 열매의 겉면을 갉아먹지만 이파리까지 먹는지는 알려지지 않았습니다.

어리여치류의 둥지

다양한 나무들로 가득한 숲속이나 숲 가장자리에서는 찢어진 이파리가 책처럼 반으로 접힌 흔적을 찾아볼 수 있습니다. 이 흔적은 졸참나무나 조릿대류 등 다양한 나뭇잎과 풀잎에서 찾아볼 수 있기 때문에 크기나 생김새는 모두 다르답니다.

조릿대류의 이파리에서 찾은 흔적.

졸참나무 이파리에 남은 흔적.

수국 이파리에 남은 흔적.

좀굴거리나무 이파리에 남은 흔적.

●1년 내내 ●일본, 대만 등지 ●평지~산지의 숲

누가 그랬을까?

다양한 이파리에서 찾아볼 수 있는 이 흔적은 어리여치류가 남긴 흔적입니다. 어리여치류는 야행성이기 때문에 낮에는 반으로 접힌 둥지 안에서 쉬다가 밤이 되면 밖으로 나와 먹이를 찾거나 수컷과 암컷이 만나기도 하지요.

짝짓기를 하는 민어리여치.
어리여치에 비하면 덩치가 작습니다.

어리여치류의 집짓기

어른벌레와 약충 모두 둥지를 만들지만 종류나 덩치에 따라 만드는 방식이 다릅니다. 덩치가 큰 어리여치의 어른벌레는 잎을 찢지 않고 그대로 큰 잎을 반으로 접지만 덩치가 작은 새끼 어리여치나 작은날개어리여치의 어른벌레는 이파리 가장자리에서 1~4군데를 미리 찢은 뒤에 접습니다.

어리여치

① 다리를 써서 누리장나무의 이파리를 접습니다.

② 입에서 토해낸 실로 붙입니다.

③ 둥지가 되었습니다.

작은날개어리여치(국내 미분포)

① 예덕나무 이파리를 구부려 단단한지를 확인합니다.

② 이파리를 찢어 접습니다.

③ 실로 붙여 완성합니다.

이파리를 붙여 놓은 실이 끊어진 빈 둥지에는 이파리를 찢었던 자국만 남아 있습니다.

어리여치류는 어린 약충의 모습으로 겨울을 보냅니다. 낙엽을 붙여서 만든 둥지 안에서 겨울을 나기 때문에 찾아내기 어렵지요.

ONE POINT 어리여치 암컷은 겁을 줄 때면 날개를 펼칩니다. 수컷은 다리로 이파리를 때리며 탭 댄스를 추지요.

어리꼬마팔랑나비 애벌레의 둥지

숲 가장자리에 자라난 조릿대 류를 둘러보다 보면 이파리 끄트머리가 통 모양으로 접힌 흔적을 찾아볼 수 있습니다. 이 흔적은 이파리의 가운데 줄기만 남아 있다 보니 꼭 가느다란 끈에 대롱대롱 매달려 있는 것처럼 보이지요.

끝부분부터 잎자루 근처까지 반으로 접힌 이파리.

끈에 매달린 것처럼 보이는 흔적.

두 장의 이파리를 붙여 놓은 흔적.

조릿대류 식물인 근세가 숲 가장자리에 떼지어 자라나 있습니다.

●5월~11월　●일본　●평지~산지

누가 그랬을까?

조릿대류 이파리의 끄트머리를 접고 이파리 일부를 먹어 치운 범인은 어리꼬마팔랑나비의 애벌레입니다. 애벌레는 책처럼 접힌 이파리를 둥지로 삼아 그 안에서 쉽니다. 그러다 먹이를 먹을 때면 둥지 밖으로 몸을 내밀어 둥지의 가장자리 부분을 뜯어먹지요.

둥지 밖으로 몸을 내밀어 둥지의 가장자리를 뜯어먹는 애벌레.

둥지를 만들기 시작한 초령 애벌레.

둥지를 보니 허물벗기를 앞둔 초령 애벌레가 있었습니다.

이파리를 실로 잇는 종령 애벌레.

처음에는 이파리의 절반 이상을 반으로 접어서 기다란 둥지를 만듭니다.

실로 붙입니다.

낡은 둥지는 끊어 냅니다.

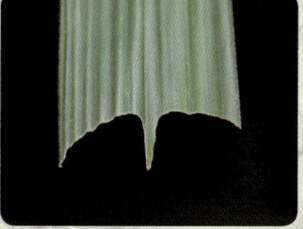
둥지가 떨어져 나간 흔적.

떨어진 낡은 둥지.

둥지 안에서 죽어 있던 애벌레는 병에 걸려 죽은 걸까요?

따라쟁이들

어리꼬마팔랑나비 애벌레는 조릿대류와 마찬가지로 벼과 식물인 참억새에도 둥지를 짓습니다. 다른 팔랑나비류도 참억새에 비슷하게 생긴 둥지를 만들기 때문에 둥지만 봐서는 어떤 종류인지 알아맞힐 수 없지요. 그러나 애벌레의 얼굴에 그려진 무늬를 보면 쉽게 종류를 알 수 있답니다.

참억새에 생겨난 황알락팔랑나비 애벌레의 둥지.

애벌레의 얼굴

황알락팔랑나비.

줄점팔랑나비.

제주꼬마팔랑나비.

어리꼬마팔랑나비.

애벌레가 똥을 눌 때는 둥지 밖으로 꽁무니만 내밀어 똥을 날린답니다. 눈 깜짝할 사이에 벌어집니다.

애어리염낭거미의 거미집과 산실

화창한 여름, 풀밭에서 마치 잎말이떡처럼 접혀 있는 물억새 이파리를 찾아냈습니다. 물억새와 마찬가지로 키가 큰 벼과 식물인 참억새에서도 이런 흔적을 찾아볼 수 있지요.

책 ⑦

이파리를 접은 뒤, 실로 안쪽을 단단히 붙여 놓았네요.

물억새에서 찾아낸 흔적. 큰 것은 한 변이 5cm 정도나 됩니다.

참억새에서 찾아낸 흔적.

●7월~9월 ●한국, 중국 북동부, 일본 ●평지~산지의 밝은 숲

누가 그랬을까?

잎말이떡처럼 생긴 이 흔적은 애어리염낭거미의 둥지나 알을 낳기 위한 방이랍니다. 수컷, 암컷 모두 낮에는 이 안에서 쉬고 있다가 밤이 되면 둥지 밖으로 나와 먹잇감을 찾아다니지요. 암컷은 알을 낳기 위한 방에 틀어박히다가 안에서 알을 낳은 뒤, 실로 감싼 알주머니를 지킵니다.

천적: 거미에게도 기생하는 기생벌

애어리염낭거미나 제주어리염낭거미의 알을 낳는 방에 숨어서 독침으로 마취시킨 뒤에 알을 낳는 민무늬거미벌류가 있습니다.

왼쪽이 암컷, 오른쪽이 수컷.

거미의 배 위에 올라탄 일본민무늬거미벌의 애벌레.

알주머니를 지키는 암컷.

어미 거미는 알에서 나온 새끼 거미에게 잡아먹힙니다.

거미를 먹으며 자라는 애벌레.

일본민무늬거미벌(국내미분포)의 어른벌레.

따라쟁이들

참억새에서는 애어리염낭거미가 만들어 놓은 흔적보다도 작은 제주어리염낭거미의 알을 낳기 위한 방을 찾아볼 수 있습니다.

⚠️ 애어리염낭거미의 긴 독니에서는 독액이 나옵니다. 물리면 무척 아프기 때문에 둥지나 산실을 열 때에는 물리지 않도록 꼭 두꺼운 장갑을 끼세요.

참억새 이파리 접어서 만든 알을 낳기 위한 방.

일본민무늬거미벌의 고치.

예전에는 풀밭만 있으면 도시에서도 애어리염낭거미를 찾아볼 수 있었지만 지금은 서서히 모습을 감추고 있답니다.

줄허리들명나방 애벌레의 둥지

절이나 숲 가장자리에 자라난 조릿대류의 이파리가 세로로 말려 있습니다. 왕대나무나 죽순대, 해장죽이나 봉래죽 등, 벼과 식물의 이파리에서 찾아볼 수 있는 흔적입니다.

애벌레의 둥지는 장마철인 6월부터 가을까지 찾아볼 수 있으며, 수가 많기 때문에 조릿대류의 덤불에서 쉽게 발견할 수 있습니다.

실로 단단하게 붙여놓은 이파리가 꼭 창처럼 생겼네요.

●6월~8월   ●한국, 중국, 일본   ●평지~산지

누가 그랬을까?

이파리를 실로 말아 놓은 이 흔적은 줄허리들명나방 애벌레의 둥지입니다. 작은 초령 애벌레일 경우는 한 둥지에 여러 마리가 함께 지내지만 더 자라면 한 마리가 혼자서 쓰게 된답니다. 애벌레는 말아 놓은 이파리의 안쪽부터 먹어 치우며, 맨 바깥쪽 이파리는 거의 먹지 않습니다. 안쪽을 거의 다 먹었다면 밖으로 나와서 새로운 둥지를 만든답니다.

둥지를 붙여 놓은 실을 가위로 조심스레 자르니 간단히 풀어졌습니다.

줄허리들명나방의 애벌레.

둥지 안의 중령 애벌레와 축축한 똥.

조릿대 이파리에 실을 붙여서 둥지를 만들기 시작했네요.

텅 빈 둥지.

말려 있던 이파리를 펼쳐보니 애벌레가 파먹은 구멍이 나란히 뚫려 있었습니다.

천적: 둥지 안으로 쳐들어오는 벌레들

쌍무늬먼지벌레의 애벌레는 둥지 안으로 쳐들어와서 줄허리들명나방의 애벌레를 먹고 자라납니다.

쌍무늬먼지벌레의 애벌레.

어른벌레가 된 쌍무늬먼지벌레.

ONE POINT 조릿대류가 심어져 있다면 무척 찾아보기 쉬운 나방입니다. 둥지를 보면 유충은 몸을 마구 꾸물대며 도망친답니다.

검정날개거위벌레의 요람

온갖 나무들이 있는 우거진 숲이나 공원을 가 보면 상수리나무나 졸참나무 이파리 끄트머리에 매달린 나뭇잎 덩어리를 볼 수 있습니다. 만지면 딱딱하고, 자세히 살펴보면 이파리가 단단히 말려 있다는 것을 알 수 있지요.

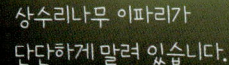
상수리나무 이파리가 단단하게 말려 있습니다.

개중에는 갈색으로 변한 것도 있지요.

이파리에 작은 구멍들이 뚫려 있는 것도 있습니다.

●4월~9월　●한국, 일본　●평지~산지

누가 그랬을까?

두루마리처럼 단단하게 감긴 이파리는 검정날개거위벌레 암컷이 만들어 놓은 흔적으로, '요람'이라 불립니다. 요람 안에는 알 한 개가 들어 있는데, 알을 깨고 나온 애벌레는 단단히 감긴 이파리를 먹고 자란답니다.

요람을 반으로 잘랐습니다. 알이 들어 있네요.

요람 만들기

① 줄기와 가까운 쪽에서 가운데 잎맥만 남겨둔 채 큰턱으로 이파리를 잘려 나갑니다. 그리고 잘려나간 틈새에 다리를 집어넣어서 벌립니다.

 →  →  →

② ③ ④ ⑤ 굵은 가운데 잎맥을 갉아서 이파리를 꺾어 놓은 뒤, 끄트머리부터 말아 나갑니다. 그리고 중간 부분에 알을 낳습니다.

 →  →

⑥ 두루마리가 풀리지 않게끔 잘 접습니다.

⑦ 완성된 요람을 끊어서 떨어뜨립니다.

⑧ 땅바닥에 떨어진 요람. 떨어뜨리지 않는 경우도 있습니다.

ONE POINT 거위벌레류는 20가지가 넘으며, 종류마다 요람을 만드는 나무나 풀의 종류도 다릅니다.

벚나무뿔나방 애벌레의 둥지

매화나무가 잔뜩 있는 숲에서 잎자루 부분까지 싹 말려 있는 이파리를 찾아볼 수 있습니다. 장소에 따라서는 수없이 많은 잎말이가 눈에 띄는 곳도 있지요.

앞면이 바깥쪽으로 오게끔 둘둘 말린 이파리.

수많은 잎말이 중에는 반만 말린 이파리도 있습니다.

●5월~7월 ●한국, 중국, 일본 ●평지~산지

누가 그랬을까?

매화나무 이파리를 말아 놓은 이 흔적은 벚나무뿔나방 애벌레의 둥지입니다. 매화나무 말고도 벚나무류나 자두나무, 상수리나무 등의 이파리에서도 발견되는 흔적이랍니다. 둥지의 크기는 애벌레가 자라남에 따라 점점 커지다, 결국은 잎자루 부분까지 말리게 됩니다.

이파리는 풀어지지 않도록 실로 붙여져 있습니다.

어린 애벌레가 이파리 끝부분을 말아서 실을 붙이고 있습니다.

이파리를 펴 보니 똥과 애벌레를 찾을 수 있었습니다.

나무의 종류에 따라 잎말이를 만드는 나방의 종류도 제각각이랍니다

나뭇잎을 돌돌 마는 습성을 지닌 나방류 애벌레는 무척 많습니다. 게다가 같은 종류의 나방이라도 다양한 나무의 이파리를 마는 애벌레가 있는가 하면, 자라남에 따라 다른 방식으로 이파리를 마는 애벌레도 있지요. 그래서 잎말이 둥지만 보고서 어떤 나방인지 알아맞히기란 어렵답니다.

멀구슬나무 이파리를 말아놓는 범인은 멀구슬애기잎말이 나방의 애벌레입니다.

잎말이 안에 든 애벌레.

ONE POINT 작은 애벌레가 이파리를 말아 나가는 모습을 관찰해 보세요. 가지를 통째로 물병에 꽂아 놓으면 관찰할 수 있답니다.

콩잎말이명나방 애벌레의 둥지

밭두렁길이나 확 트인 길가, 빈 땅 따위에서 두루마리처럼 돌돌 말려 있는 섬모시풀 이파리를 찾아볼 수 있습니다. 장소에 따라서는 한곳에서 수많은 잎말이가 눈에 띄기도 한답니다.

섬모시풀의 이파리 전체가 돌돌 말려 하나의 통 형태를 이루고 있습니다.

무리 지어 자라나 있는 섬모시풀.

●1년에 2번, 초여름과 여름   ●한국, 중국, 일본   ●주로 평지

누가 그랬을까?

말린 섬모시풀 이파리는 콩잎말이명나방의 애벌레가 만든 둥지랍니다. 애벌레는 실을 이용해 이파리를 맙니다. 둥지 안에서 이파리를 먹으며 성장하고, 똥은 둥지 안에 모아 놓지요.

천적: 사냥벌

둥지 안에 꼭꼭 숨은 애벌레를 찾아내서 데려가는 천적이 있습니다. 바로 호리병벌과 같은 사냥벌들이지요. 콩잎말이명나방애벌레의 둥지를 열어 봤는데 안이 텅 빈 경우가 많은 이유는 이러한 사냥벌 때문이랍니다.

둥지 안의 애벌레와 똥.

애벌레를 만지면 애벌레는 몸을 동그랗게 만 뒤 잽싸게 굴러서 땅으로 떨어집니다.

실을 토해 내는 애벌레.   이파리와 이파리를 붙여 주는 실.

다 큰 애벌레는 둥지 안에서 번데기가 됩니다. 번데기는 꽁무니에 를 이용해 실에 매달린 가느다란 갈고리를 이용해 실에 매달린답니다.

애벌레를 붙잡은 호리병벌.

따라쟁이들

섬모시풀에서 비슷한 흔적을 찾아볼 수 있습니다. 하지만 이파리가 말려 있지 않고 접혀 있기 때문에 콩잎말이명나방 애벌레의 둥지와 구분할 수 있지요. 이파리와 이파리를 붙여놓은 실을 잘라서 슬쩍 열어 보면 안에는 민어리여치의 애벌레가 숨어 있답니다.

애벌레를 붙잡은 민어리여치.

사냥벌로부터 도망치기 위해서인지, 둥지를 열어젖히면 애벌레는 몸을 마구 뒤틀어서 폴짝 뛰어내린답니다.

목화명나방 애벌레의 둥지

커다란 크림색 꽃이 피는 여름의 오크라 밭을 둘러보면 손바닥처럼 펼쳐진 이파리의 끝부분이 마치 원뿔처럼 돌돌 말린 채 축 늘어진 흔적을 곳곳에서 찾아볼 수 있습니다.

채소인 오크라는 아욱과의 식물입니다.

끝부분이 통 모양으로 말려 있습니다.

이 흔적 밑에 있는 이파리에는 검은 똥이 떨어져 있기도 합니다.

●여름　●한국, 중국, 일본　●주로 평지

누가 그랬을까?

돌돌 말아 실로 붙여 놓은 이파리는 목화명나방 애벌레의 둥지입니다. 이파리 안을 보니 애벌레가 숨어 있습니다. 애벌레는 말아 놓은 이파리를 먹으며 자라나고, 똥은 둥지 안이나 바깥에 버린답니다. 다 자라면 반으로 접은 이파리 안에서 실로 방석을 만든 뒤 번데기가 됩니다.

둥지 안의 애벌레와 똥.

반으로 접은 이파리와 번데기.

천적: 애벌레와 사냥벌의 싸움

공격! 사냥벌인 황테감탕벌은 둥지의 틈새를 통해 안쪽을 들여다본 뒤(①), 애벌레가 있으면 밖으로 끄집어냅니다(②). 붙잡은 애벌레에게는 곧바로 독침을 찔러서 마취시킵니다(③).

방어! 목화명나방의 애벌레는 사냥벌 따위가 공격해 오면 실을 토해 내 둥지에서 뛰어내린 뒤, 위험이 사라지면 실을 타고 원래 자리로 온답니다.

도망치는 애벌레.

또 다른 흔적들

오크라에서는 이파리를 너덜너덜하게 파먹은 흔적도 찾아볼 수 있습니다. 이것은 줄노랑꼬마밤나방 애벌레가 남긴 흔적이랍니다. 애벌레는 화려하게 생겼고 이파리 위에 있기 때문에 무척 눈에 잘 띕니다. 하지만 어째서인지 황테감탕벌은 이 애벌레를 공격하지 않는답니다.

애벌레와 파먹은 흔적.

ONE POINT 목화명나방 애벌레는 아욱과의 식물 대부분을 뜯어 먹는데, 때론 히비스커스에 큰 피해를 입히기도 한답니다.

창나방 애벌레의 둥지

숲속의 상수리나무나 밤나무, 가래나무 이파리가 마치 원뿔처럼 길게 말려 있습니다. 종가시나무나 졸가시나무 이파리에서도 똑같은 흔적을 찾아볼 수 있답니다.

두루마리 ⑤

뒷면이 바깥쪽으로 오게끔 말린 상수리나무 이파리도 있습니다.

이 흔적 밑에 있는 이파리에는 검은 똥이 떨어져 있기도 합니다.

●5월~8월　●일본　●평지~산지

누가 그랬을까?

돌돌 말린 이파리 안에는 창나방 애벌레 한 마리가 들어 있습니다. 애벌레는 둥지 안쪽을 파먹으며 자라나는데, 똥은 둥지 아래쪽의 뚫린 부분을 통해서 밖으로 버린답니다.

창나방의 애벌레.

여기로 똥을 버립니다.

상수리나무 이파리를 말아 둥지를 짓는 모습

① 오후 2시 16분 → ② 오후 3시 1분

③ 오후 3시 8분 → ④ 오후 3시 56분 → ⑤ 오후 4시 44분 → ⑥ 오후 5시 8분 → ⑦ 오후 5시 32분 → ⑧ 오후 6시 8분 → ⑨ 이튿날 오전 9시 58분

①과 ②를 되풀이하면서 몸을 감싸듯 이파리를 말고 있습니다.
알락좀창나방애벌레(국내 미분포)의 둥지 역시 똑같이 생겼기 때문에 구별하기란 쉽지 않답니다.

ONE POINT 애벌레를 새로운 잎으로 슬쩍 옮겨 놓으면 둥지를 만드는 모습을 관찰할 수 있습니다.

뿔거위벌레의 요람

봄에 평지나 산속 숲길을 따라 자라난 단풍나무의 가지 끄트머리를 살펴보면 꺾여서 처진 가지나 돌돌 말린 이파리를 찾아볼 수 있습니다. 길이는 3~4㎝로, 완전히 갈색으로 변한 이파리도 있습니다.

여러 장의 이파리가
길고 가느다랗게 돌돌 말린 채
축 늘어져 있네요.

늘어진 가지는 떨어지지 않을 만큼만
꺾여 있습니다.

●5월~8월   ●한국, 중국, 일본, 러시아   ●평지~산지

누가 그랬을까?

밑으로 축 처진 채 돌돌 말린 이파리는 뿔거위벌레 암컷이 만들어 놓은 요람입니다. 암컷은 먼저 가지를 갉아서 꺾어 놓습니다. 그리고 이파리에 알을 딱 하나만 낳은 다음에 여러 장의 이파리로 돌돌 만답니다. 알에서 태어난 애벌레는 이파리로 만들어진 요람을 먹으며 자라나지요.

몸 색깔은 세 가지

뿔거위벌레의 몸 색깔은 지역에 따라 세 가지로 나뉩니다. 초록색, 빨간 점 무늬, 그리고 남색 등이 있어요.

단풍잎으로 요람을 만들고 있는 뿔거위벌레 암컷.

요람 안에서는 애벌레 한 마리가 자라나고 있지요.

갓 만들어진 요람입니다. 시간이 지남에 따라 점점 갈색으로 시들어 파삭파삭해집니다. 5월 중순 이후로는 주로 호장근이라는 식물의 이파리를 써서 요람을 만듭니다.

초록색.

빨간 점.

남색.

따라쟁이들

같은 시기에 단풍나무나 털고로쇠나무에서는 단풍뿔거위벌레의 요람도 찾아볼 수 있습니다. 더 많은 양의 이파리를 쓰기 때문에 요람의 크기는 뿔거위벌레가 만든 것보다 크답니다.

단풍뿔거위벌레 암컷.

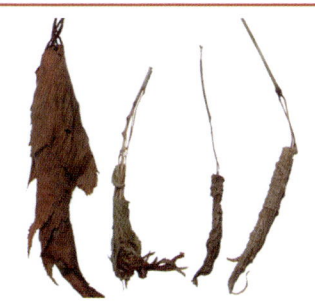

왼쪽 첫 번째가 단풍뿔거위벌레가 만든 요람, 나머지 세 개는 뿔거위벌레가 만든 요람입니다.

ONE POINT 무척 예민하기 때문에 요람을 만드는 모습을 관찰할 때는 멀찌감치 떨어져서 몰래 살펴보도록 하세요.

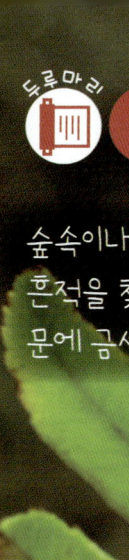

봉의꼬리명나방 애벌레의 둥지

숲속이나 그늘진 길가에서 고사리류 식물의 이파리가 공처럼 둘둘 말린 흔적을 찾아볼 수 있습니다. 이 흔적은 무조건 맨 끝부분이 말려 있기 때문에 금세 눈에 띕니다.

고사리류 식물에 만들어진 둥지.

봉의꼬리나 오름깃고사리, 돌토끼고사리나 털별고사리 같은 고사리류 식물의 이파리에서 찾아볼 수 있습니다.

●5월~9월   ●일본   ●평지~산지

누가 그랬을까?

실을 이용해 고사리류의 이파리를 공처럼 말아 놓은 이 흔적은 봉의꼬리명나방 애벌레의 둥지입니다. 둥지 안에는 애벌레 한 마리가 들어 있습니다. 애벌레는 말아 놓은 이파리를 안쪽에서 뜯어먹으며 자라납니다. 똥은 실로 똘똘 뭉쳐서 둥지 안에 모아 둔답니다.

둥지에 숨어 있던 봉의꼬리명나방 애벌레.

실로 뭉쳐 놓은 똥.

둥지 안에서 번데기가 됩니다.

ONE POINT 눈에 잘 띄지만 애벌레의 생태는 밝혀지지 않았습니다. 이 흔적은 겨울에도 볼 수 있으며, 안에는 유충이 들어 있답니다.

굴참가는나방 애벌레가 파 놓은 굴

상수리나무나 굴참나무 이파리에서 하얗게 속이 비치는 타원형 굴을 찾아냈습니다. 굴의 길이는 2cm, 폭은 1cm 정도입니다.

굴 ①

상수리나무 이파리에 나란히 생겨난 두 개의 굴.

같은 굴을 이파리 뒷면에서 비춰 보았습니다.

●6월~10월 ●한국, 중국, 일본 ●다양한 나무가 심어진 평지~산지의 숲

누가 그랬을까?

굴 안에는 굴참가는나방의 애벌레가 숨어 있습니다. 상수리나무 이파리 안으로 파고들어서 안쪽부터 먹는답니다. 이파리 뒷면은 얇은 막만 남아 있어서 하얗게 보이지만 앞면은 가운데 쪽에 초록색 부분이 남아 있습니다. 다 자란 애벌레는 굴 안에서 번데기가 됩니다.

나란히 늘어선 굴 중에 하나를 이파리 뒤쪽에서 찢어 보았습니다. 똥을 실로 뭉쳐 놓은 검은 덩어리와 애벌레가 보입니다.

굴이 생긴 이파리의 앞면. 애벌레가 먹은 부분이 하얗게 변해 있습니다.

애벌레가 다 자라면 굴이 생긴 이파리 뒷면은 갈색으로 변합니다.

천적 굴 밖에서 기생벌이 굴참가는나방 애벌레의 몸에 알을 낳는 경우가 있습니다. 알이 심어진 애벌레는 다 자랐을 무렵이면 기생벌의 애벌레에게 잡아먹히고 만답니다.

위쪽 사진의 굴을 찢으니 안에 번데기가 있었습니다.

굴 안에서 기생벌이 고치를 만들어 놓았습니다.

ONE POINT 굴참가는나방의 애벌레가 초령일 때는 이파리의 즙만 먹지만 종령 때는 이파리를 먹습니다. 이러한 변화를 '과변태'라고 부릅니다.

사각노랑테가시잎벌레 애벌레가 파 놓은 굴

졸참나무나 상수리나무 이파리에서 황갈색과 흰색이 섞인 굴을 볼 수 있습니다. 굴은 이파리의 가장자리를 따라 넓어졌네요.

햇빛에 비춰 보니 안에 든 애벌레의 모습이 보입니다.

상수리나무 이파리에서 찾아낸 굴.

● 6월~9월   ● 한국, 중국(동부), 일본   ● 산지의 숲

누가 그랬을까?

졸참나무나 상수리나무 이파리에서 볼 수 있는 이 굴은 사각노랑테가시잎벌레의 애벌레가 안쪽을 파먹으며 나아간 흔적입니다. 이파리 한 장에서는 한 마리의 애벌레가 자라나며, 다 자란 애벌레는 굴 안에서 번데기가 됩니다.

알을 낳은 흔적.

굴 가장자리에 알을 낳았던 흔적이 보입니다. 여기서 알을 깨고 나온 애벌레가 이파리 안쪽을 파먹으며 굴을 뚫은 사실을 알 수 있습니다.

다 자란 애벌레.

굴 안의 애벌레. 똥은 자그마한 구멍을 통해 밖으로 내보냅니다.

굴 안에서 번데기가 되었습니다.

사각노랑테가시잎벌레의 어른벌레.

어른벌레가 파먹은 자국이 상수리나무 이파리의 표면에 남아 있습니다.

ONE POINT 얼룩무늬꼬마비단벌레(국내 미분포)의 애벌레가 파놓은 굴에는 끈처럼 생긴 똥이 남아 있기 때문에 구별할 수 있습니다.

굴굴나방 애벌레가 파 놓은 굴

귤나무나 금귤나무, 유자나무 등의 어린 이파리에서 구불구불한 실처럼 생긴 굴을 볼 수 있습니다.

귤나무의 어린 이파리에서 발견한 굴.

햇빛에 비춰 보면 굴이 어떻게 생겼는지 쉽게 알 수 있습니다.

●1년 내내　●한국, 중국, 일본　●평지에 자리한 마을

누가 그랬을까?

굴을 파서 굴나무 이파리 안쪽으로 파고든 범인은 바로 굴굴나방의 애벌레였습니다. 겨울을 보내고 잠에서 깨어난 암컷 어른벌레는 어린 이파리 한 장마다 알을 하나씩 낳습니다. 가끔씩 두 개를 낳기도 합니다.

애벌레는 지그재그로 움직이며 이파리 한 장을 알뜰하게 파먹는답니다. 굴 안에는 한 줄로 이어진 똥이 남게 되지요.

애벌레의 천적: 기생벌

기생벌은 굴 안에 숨어 있는 굴굴나방 애벌레에게까지 알을 낳기도 합니다. 그리고 굴굴나방 애벌레는 기생벌의 애벌레에게 먹힙니다.

이파리 가장자리를 구부린 다음, 이 틈새에서 번데기가 됩니다. 굴 안에서 번데기를 꺼냈습니다.

낡은 굴.

굴 안에서 번데기가 된 기생벌.

ONE POINT 감귤류의 이파리에서 이 굴을 찾을 수 있습니다. 3령까지는 이파리의 즙을 먹다가 4령에서 고치를 만듭니다.

대나무뿔잎벌레 애벌레가 파 놓은 굴

벼과 식물인 근세, 아구세, 해장죽, 포대죽 등의 이파리에서 하얗게 속이 비치는 굴을 찾아볼 수 있습니다. 굴의 크기는 제각각이지만 때로는 이파리가 온통 하얗게 변해 있는 경우도 있지요.

하얗게 속이 비치는 굴. 숲 안쪽이나 가장자리에서 빽빽하게 자라나는 근세.

하얀 줄처럼 생긴 흔적도 함께 볼 수 있습니다.

●1년 내내　●일본　●평지~산지에 자리한 마을

누가 그랬을까?

하얀 굴은 대나무뿔잎벌레의 애벌레가 이파리 앞뒤의 얇은 막만 남긴 채 안쪽을 파먹은 흔적입니다. 애벌레는 이파리 안에서 자라나 굴 안에서 번데기가 됩니다. 조릿대류의 이파리는 두께가 겨우 0.2㎜ 정도밖에 되지 않는답니다.

안쪽에 알이 보입니다.
암컷은 조릿대 류의 이파리 끝부분에 알을 낳습니다.

이파리안을 갉아먹는 애벌레.

등 / 배
굴속의 번데기.

똥은 굴 가장자리의 찢어진 곳으로 버립니다.

어른벌레가 파먹은 흔적

벌레가 이파리 표면을 깎아 내듯이 먹었답니다.

이파리의 표면에 하얀 줄이 그어져 있습니다. 어른

어른벌레가 아구세에 남긴 흔적.

이파리 표면을 먹습니다.

짝짓기를 하면서도 밥을 먹네요.

번데기의 천적

굴 안이 안전하기만 한 것은 아니지요. 찢어진 부분을 통해 들어온 개미 따위가 애벌레를 공격하기도 합니다.

배검은꼬마개미의 공격을 받는 번데기.

이대창날개뿔나방 애벌레가 파 놓은 굴

조릿대류나 대나무 류의 이파리에서 하얗고 가느다란 굴을 찾아볼 수 있습니다. 잎 끝부분으로 갈수록 점점 넓어지는 나팔 모양 굴이네요. 굴의 길이는 4~8㎝ 정도입니다. 비탈진 언덕부터 산지에 있는 숲에서 1년 내내 찾아볼 수 있는 흔적입니다.

굴 ⑤

이파리에 잔뜩 생겨난 굴.

굴의 넓은 부분은 연녹색.

●1년 내내 ●한국, 중국, 일본 ●평지~산지

누가 그랬을까?

조릿대류나 대나무류 이파리에 생긴 나팔 모양 굴은 이대창날개뿔나방의 애벌레가 파먹은 흔적입니다. 잎자루 쪽에 낳은 알에서 깨어난 애벌레는 이파리를 파먹으며 끝부분으로 가다 굴 안에서 번데기가 된답니다. 애벌레는 굴 안에서 겨울을 보냅니다.

이대창날개뿔나방의 애벌레. 왼쪽이 머리.

굴 속의 번데기.

이파리를 뒤집어 보니 중간에 똥을 밖으로 버리기 위한 구멍이 보입니다.

똥을 버리는 구멍은 평소에는 닫혀 있다가 안에서 밀면 열리게 되어 있습니다. 바늘로 뚜껑을 열어 보았습니다.

ONE POINT 섬모시풀 이파리에 하얀 굴을 판 섬모시창날개뿔나방도 있습니다. 초여름부터 가을에 걸쳐서 찾아볼 수 있답니다.

흔적 모음집 ⑦
거미집

거미가 치는 그물은 거미의 종류에 따라 특징이 있습니다. 또한 그물의 생김새만 보고 거미의 종류를 알아맞힐 수도 있지요. 먹잇감을 붙잡기 위한 함정인 그물은 한 번 걸리면 빠져나올 수 없게끔 만들어져 있답니다.

들풀거미
꼬마호랑거미
텐트거미
중백금거미
여덟혹먼지거미
해골거미
긴호랑거미

거미줄 곳곳에 묻어 있는 끈적끈적한 액체는 그물에 걸린 먹잇감이 딱 달라붙어 움직이지 못하게 합니다.

무당거미

안개 낀 아침, 물방울이 맺혀 있었습니다.

범종거미 류(국내 미분포)

블랙하우스스파이더(국내 미분포)

거미는 모래알갱이로 만든 종 안에 숨어 있답니다.

각시어리왕거미(국내 미분포)

땅거미

거미는 실로 만든 통 안에 숨어 있습니다.

은먼지거미

가운데실젖거미류

응달거미

남녘납거미

ONE POINT 거미가 자신이 친 그물에 달라붙지 않는 이유는 사실 정확히 밝혀지지 않았답니다.

수염치레각날도래 애벌레가 쳐놓은 그물과 번데기방

물살이 빠른 강바닥에서 돌멩이와 돌멩이 사이에 쳐진 그물을 찾아볼 수 있습니다. 그물 표면에는 이끼 따위가 엉겨 붙어 있습니다. 그물은 물살을 막는 댐처럼 단단하게 돌멩이에 붙어 있습니다.

부채꼴 그물은 물 밖에서도 잘 보입니다.

작은 돌멩이 덩어리가 물속에 잠겨 있네요.

●1년 내내   ●한국, 중국, 일본   ●평지~산지의 물살이 빠른 강

누가 그랬을까?

물속에 실로 그물을 친 범인은 수염치레각날도래의 애벌레로, 그물에 걸린 이끼나 죽은 동식물 따위를 먹이로 삼는답니다. 작은 돌멩이를 실로 붙여놓은 둥지 안에서 번데기가 되지요.

애벌레는 꽁무니에 나와 있는 하얀 아가미로 숨을 쉽니다.
돌멩이 사이에 쳐놓은 그물은 '포획 그물'이라고 부르지요.

작은 돌멩이로 만든 번데기방.
번데기에 어른벌레의 몸 색깔이 드러나 있네요.

물물살이 빨라 바닥에 돌멩이가 굴러다니는
강의 상류쪽에서 이런 흔적을 찾아볼 수 있습니다.

채다리날도래류 애벌레의 둥지

둥글넓적한 이 흔적은 물 바닥에 가라앉아 있는 낙엽에서 찾아볼 수 있습니다. 흔적의 크기는 길이 2cm 정도. 꼭 가위로 잘라놓은 것처럼 생겼기 때문에 무척 눈에 잘 띈답니다.

채다리날도래 애벌레의 둥지

●1년 내내 ●한국, 중국, 일본 ●평지~산지의 물살이 느린 강

누가 그랬을까?

채다리날도래류의 애벌레는 낙엽에서 크고 작은 조각 두 장을 오려내 실로 붙여서 둥지를 만듭니다. 움직일 때는 몸 절반을 밖으로 내밀어 둥지와 움직인답니다.

물살이 느려 낙엽이 잔뜩 가라앉아 있는 강바닥에서 이 흔적을 찾아볼 수 있습니다. 물속에 가라앉아 있는 썩은 나무에서도 눈에 띄지요.

이파리를 사각기둥 모양으로 붙여놓은 네모집날도래류 애벌레의 둥지도 보입니다.

ONE POINT 번데기는 어른벌레가 될 때면 몸을 날렵하게 움직여 물 위로 이동합니다. 기를 때에는 물을 자주 갈아 줘야 해요.

띠우묵날도래 애벌레의 둥지

연못이나 늪 위에 떠다니거나 가라앉아 있는 낙엽에서 동그랗게 구멍이 뚫린 흔적을 찾아볼 수 있습니다. 그리고 줄줄이 이어진 채 물 위를 둥실둥실 떠다니는 이파리들도 찾아볼 수 있지요.

낙엽에 동그랗게 구멍이 뚫려 있습니다.

자세히 보니 줄줄이 이어진 이파리들이 움직이고 있네요.

●4월~10월   ●한국, 중국, 일본   ●평지~산지의 연못이나 늪

누가 그랬을까?

낙엽을 오린 범인은 띠우묵날도래의 애벌레로, 잘라낸 이파리 여러 장을 실로 엮은 뒤, 이 안에 몸을 숨긴답니다. 움직일 때는 몸을 둥지 밖으로 내밀어서 다리로 둥지와 함께 움직이지요.

애벌레가 주둥이로 자른 흔적.

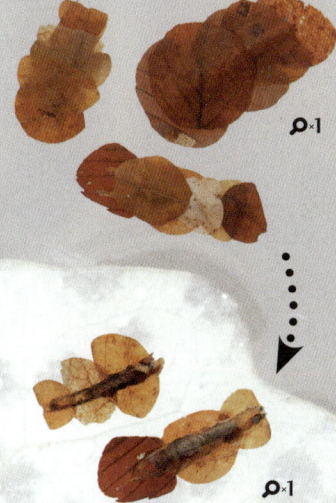

둥지 뒷부분은 실로 만든 '침낭'으로 이루어져 있습니다.

띠우묵날도래 류의 알덩어리. 길이는 1cm 정도.

젤리 같은 알덩어리 안에서 깨어난 애벌레는 물속으로 자리를 옮깁니다.

낙엽을 갉아먹는 띠우묵날도래 애벌레.

ONE POINT 애벌레가 둥지를 만들 때 쓰는 낙엽의 수는 3~4장입니다. 낙엽을 반듯하게 잇는 재주는 놀랍기만 하네요.

연물명나방 애벌레의 둥지

수련이나 마름 같은 물풀이 자라난 연못이나 늪에서 찾아볼 수 있는 흔적입니다. 물풀 이파리의 가장자리가 타원형으로 오려 내진 흔적도 함께 찾아볼 수 있답니다.

길이 2cm 정도의 이파리 두 장이 붙어 있습니다.

잘려나간 흔적

●6월~9월 ●한국, 중국, 일본 ●평지~산지의 연못이나 늪

누가 그랬을까?

두 장의 이파리가 맞붙어 있는 이 흔적은 바로 연물명나방 애벌레의 둥지랍니다. 애벌레는 움직일 때나 먹이를 먹을 때만 몸을 밖으로 내놓는답니다.

수련 이파리 밑에서 찾아낸 번데기방. 실로 단단하게 붙여져 있습니다.

번데기방의 이파리를 떼어낸 모습. 번데기는 실로 만든 고치에 감싸여 있습니다.

ONE POINT 공원의 연못에서도 찾아볼 수 있습니다. 연꽃이나 수련 이파리의 가장자리 부분을 잘 살펴보세요.

어리장수잠자리의 허물

강의 중류와 상류 쪽 강기슭의 콘크리트 벽이나 바위 위에서 볼 수 있는 허물입니다. 납작하게 생긴 것이 특징이니 찾아내기 쉽답니다.

갈라진 허물 사이로 숨을 쉴 때 썼던 하얀 관이 튀어나와 있습니다.

●5월~9월   ●한국, 일본, 중국   ●강 중류~상류

누가 그랬을까?

어리장수잠자리의 애벌레는 낮에 물속에서 기슭으로 올라와 자리를 잡습니다. 단단히 자리를 잡았다면 이윽고 허물을 벗기 시작하지요. 납작한 몸의 애벌레에서 잠자리의 몸이 빠져나오는 모습은 무척 신비롭답니다.

 →  →  →  →

10시 13분
등이 갈라졌습니다.

10시 15분
몸이 나옵니다.

10시 34분
꽁무니를 끄집어 냅니다.

10시 39분
날개가 펼쳐지기 시작합니다.

11시 27분
날개가 곧게 펴졌습니다.

ONE POINT 잠자리가 허물을 벗는 때는 밤이나 이른 아침, 낮으로 종류에 따라 다르답니다. 어리장수잠자리는 느지막한 오전에 허물을 벗으니 쉽게 관찰할 수 있지요.

빗자루하루살이의 허물

물살이 빠른 강가에 자라난 풀이나 커다란 바위, 콘크리트 벽 같은 곳에서 하루살이류의 허물을 아주 쉽게 찾아볼 수 있습니다.

허물의 길이는 16㎜ 정도.

첫 번째 허물을 벗고 아성충*이 된 빗자루하루살이.

*아성충……하루살이류 곤충이 자라나는 단계에서 애벌레와 어른벌레 사이의 단계를 가리키는 말

누가 그랬을까?

빗자루하루살이 애벌레는 해가 저문 뒤에 물 밖으로 나와 허물을 벗습니다. 허물은 물가에 남아 있기 때문에 쉽게 찾아볼 수 있지요.

① 오후 7시 54분 24초
저녁 무렵부터 허물을 벗기 시작합니다.

② 오후 7시 55분 5초
등 부분이 갈라집니다.

③ 오후 7시 55분 31초
머리와 가슴이 나왔습니다.

④ 오후 7시 56분 2초
날개도 나오기 시작했습니다.

⑤ 오후 7시 56분 49초
몸이 모두 나왔습니다.

⑥ 오후 7시 57분 37초
날개가 펴지자 바로 날아 올랐습니다.

두 번이나 허물을 벗는다고?

하루살이류 곤충은 두 차례 허물을 벗고 비로소 어른벌레가 됩니다. 두 번째로 허물을 벗는 장소는 강에서 벗어난 숲 같은 곳이랍니다. 허물은 바람에 날아가기 쉽지요.

동양하루살이의 아성충이 벗어 놓은 허물과 어른벌레.

ONE POINT 하루살이류 중에는 물이 깨끗한지를 알기 위한 지표가 되는 종이 있으며, 이를 '지표 생물'이라 부릅니다.

흔적 모음집⑧
비슷한 흔적

'곤충의 흔적'처럼 보이지만 알고 보면 다른 생물이나 병균의 흔적인 경우도 있습니다. 벌레혹처럼 생긴 흔적, 곤충의 똥과 똑같이 생긴 흔적 따위가 있지요. 병원균의 흔적 중에는 곤충과 관련이 있는 경우도 있답니다.

호박달팽이의 하얀 입술

호박달팽이

달팽이의 흔적

하얀 립스틱 자국처럼 보이기 때문에 '하얀 입술'이라는 이름을 붙여 보았습니다. 이 흔적은 달팽이가 오랫동안 머물다간 장소에 생깁니다. 하얀 입술 중에는 똥이 달려 있는 것도 있지요. 시든 나뭇가지, 이 파리의 앞면이나 뒷면 등, 달팽이가 곧잘 쉬어가는 곳에서 찾아볼 수 있습니다. 달팽이가 지나간 자리에는 끈적끈적한 점액이나 물자국이 남기도 한답니다.

여러 가지 하얀 입술

달팽이가 지나간 흔적

가드레일에 낀 이끼를 갉아먹은 자국

달팽이가 지나간 흔적

ONE POINT 달팽이의 껍질은 하얀 석회암으로 이루어져 있는데, 이 흔적과 석회질이 무슨 관계가 있는지는 아직 모르겠네요.

까마귀가 남긴 흔적

왕사마귀의 알집을 부수고 안에 든 알을 꺼내먹은 흔적.

수컷 장수풍뎅이를 잡아먹은 흔적.

조류의 똥

병원균의 흔적

곰팡이버섯 무리 등의 균류나 세균 같은 병원균 때문에 식물의 이파리나 가지, 줄기 따위가 이상하게 부풀어 오르거나 색깔이 변하기도 합니다. 그중에는 벌레혹과 똑같이 생긴 것도 있지요. 애벌레가 표면을 갉아먹은 흔적처럼 보이는 것도 있습니다. 균류 때문에 식물이 걸리는 병은 종류도 다양하며 그 흔적도 다르지만 주변의 공원이나 마당에 심어진 식물에서도 찾아볼 수 있습니다.

보리뱅이부종병균 — 보리뱅이

고약병균 — 뽕나무

대나무적의병균 — 해장죽

진달래나무떡병균 — 진달래나무

동백나무떡병균  — 동백나무

붉은별무늬병 — 명자나무

페스탈로치옵시스 — 졸참나무

> ONE POINT: 고약병균은 깍지벌레를 통해 영양분을 얻기 때문에 고약병은 '곤충의 흔적'이라고도 볼 수 있겠습니다.

곤충의 흔적
어른벌레 도감

이 책에서 소개된 곤충의 흔적이 애벌레가 남긴 것일 경우, 각각의 흔적이 등장한 대목이나 흔적 모음집에 어른벌레의 모습은 실려 있지 않습니다. 이곳에는 소개되지 않았던 어른벌레의 모습이 가나다순으로 실려 있습니다.

ㄱ
- 각시어리왕거미 P.143
- 계요등유리나방 P.52·53
- 굴참가는나방 P.132·133
- 귤굴나방 P.136·137
- 긴호랑거미 P.23·142

ㄴ
- 남녘납거미 P.143

ㄷ
- 남방남색꼬리부전나비 P.107
- 남방남색부전나비 P.106·107
- 대나무쐐기알락나방 P.51·76·77
- 대나방 P.47·50
- 돌담무늬나비 P.42·43·87
- 띠우묵날도래 P.148·149

ㅁ
- 매화가지나방 P.95
- 먹그늘나비 P.48·49
- 명주잠자리 P.24·25
- 목화명나방 P.124·125
- 무지개띠붉은수염나방 P.108·109

ㅂ
- 벚나무뿔나방 P.120·121
- 벼슬집명나방 P.90·91
- 복숭아명나방 P.36·37
- 봉의꼬리명나방 P.130·131
- 블랙하우스스파이더 P.143
- 빨간여뀌잎벌레 P.70·71

ㅅ
- 사과남방뿔나방 P.104·105

ㅇ
- 수염치레각날도래 P.144·145
- 알락굴벌레나방 P.32·33
- 암청색줄무늬밤나방 P.18·19
- 애매미 P.66·67·86
- 어리꼬마팔랑나비 P.112·113

어리장수잠자리 P.152·153
여덟혹먼지거미 P.142
우묵날개원뿔나방 P.94·95
유지매미 P.85·86·87
은빛들명나방 P.34·35
연물명나방 P.150·151
이대창날개뿔나방 P.140·141
일본외발톱바구미 P.72·73
알팔파바구미 P.40·41
작은점노랑재주나방 P.46·47
제주꼬마팔랑나비 P.113
줄점팔랑나비 P.113
줄허리들명나방 P.116·117
차독나방 P.16·17
채다리날도래 P.146·147
천막벌레나방 P.22·88·89
콩잎말이명나방 P.122·123
하늘소 P.96·97
해골거미 P.23·142
호랑거미 P.22·23·142
텐트거미 P.22·142
큰멋쟁이나비 P.102·103
황알락팔랑나비 P.113
황줄점갈고리나방 P.92·93
흰띠알락나방 P.74·75

159

색인

'흔적'이 주로 발견되는 식물의 이름을
가나다순으로 정리했습니다.

둥근잎말발도리

동백나무

ㄱ
가는살갈퀴	40·41
가래나무	90·126
가시나무	80·81
가죽나무	90
거지덩굴	13
검양옻나무	90
계요등	52·53
고사리류	130·131
광나무	72·73
굴참나무	132
귤나무	136·137
근세	138·140
금귤나무	136

ㄴ
노린재나무	79
누리장나무	111
느티나무	20·21·81

ㄷ
단풍나무	128·129
대나무류	47·116·140·141
돌참나무	107
돌토끼고사리	130
동백나무	16·78·79
때죽나무	26·27·33·45·54·55

ㅁ
마름	150
매화나무	88·89·95·120·121
멀구슬나무	121
무화과나무	34
물억새	114·115

ㅂ
밤나무	13·36·37·104·126
배나무	37
벚나무류	13·70·71·88·94·121
복숭아나무	37·38
봉래죽	116
봉의꼬리	130
붉나무	90
빈도리	79
뽕나무류	45

ㅅ
사스레피나무	32·33·74·75
산수국	94
상수리나무	13·15·21·30·33·37·44·45·92·94·95·96·97·106·107·118·119·121·126·127·132·133·134·135
섬모시풀	18·19·78·79·102·103·122·123
수국	110
수련	150·151

ㅇ
아구세	138·139
애기동백나무	16
예덕나무	81·104·105·111
오름깃고사리	130
오리나무	12·13
오크라	124·125
왕대나무	116

ㅇ (계속)
유자나무	98·136

ㅈ
자두나무	121
조릿대류	46·47·48·49·76·77·110·111·112·113·116·117·138·139·140·141
졸가시나무	126
졸참나무	13·14·15·30·44·56·57·92·93·98·110·118·134·135
좀굴거리나무	110
종가시나무	44·45·81·96·108·109·126
죽순대	116

ㅊ
차나무	16
참마	13
참억새	20·21·46·113·114·115
천선과나무	34·35·42·43·109
칡	13·104·108·109

ㅌ
털고로쇠나무	129
털별고사리	130
토끼풀	40·41

ㅍ
팽나무	81·94·99
포대죽	138

ㅎ
해장죽	116·138
호장근	13·129
히비스커스	125

산수국

꽃치자

벌레혹

진딧물이나 혹벌, 혹파리 등의 흔적인
'벌레혹'을 가나다순으로 정리했습니다.

ㄱ
개머루혹파리의 벌레혹 ………… 58
검은배네줄면충의 벌레혹 ………… 58
계요등유리나방의 벌레혹 ……… 52·53

ㄴ
넓은잎조롱나무진딧물의 벌레혹 ……… 59
네줄애기잎말이나방의 벌레혹 ………… 59

ㄷ
때죽납작진딧물의 벌레혹 ……… 54·55
떡갈나무긴다리바구미의 벌레혹 …… 59

ㅂ
밤나무혹벌의 벌레혹 ………………… 58
배자바구미의 벌레혹 ………………… 59

ㅅ
사사키잎혹진딧물의 벌레혹 ………… 58
쇠무릎혹파리의 벌레혹 ……………… 59
쑥혹파리의 벌레혹 …………………… 59

ㅇ
어리상수리혹벌의 벌레혹 …………… 59
오배자면충의 벌레혹 ………………… 59
왜혹파리의 벌레혹 …………………… 59
외줄면충의 벌레혹 …………………… 58

ㅈ
조롱나무잎진딧물의 벌레혹 ………… 58
졸참나무순사과혹벌의 벌레혹 … 56·57

ㅊ
참나무꽃솜혹벌의 벌레혹 …………… 59
참나무순혹벌의 벌레혹 ……………… 59
참나무잎붉은혹벌의 벌레혹 ………… 58
참나무잎털혹벌의 벌레혹 …………… 59
참나무혹벌의 벌레혹 ………………… 59
참식나무혹파리의 벌레혹 …………… 58

ㅍ
팽나무뾰족혹파리의 벌레혹 ………… 58

ㅎ
흰털쑥잎혹파리의 벌레혹 …………… 59

색인

이 책에 소개된 곤충 등의 이름을 가나다순으로 정리했습니다.
(●곤충 ●거미 ●그 외의 생물)

ㄱ
- ●가운데실젖거미류 ·················· 143
- ●가중나무고치나방 ···················· 51
- ●각시메뚜기 ···························· 87
- ●각시어리왕거미··················· 143
- ●강도래류 ······························ 87
- ●개머루혹파리 ························ 58
- ●개미귀신 ·························· 24·25
- ●개미류 ·························· 106·107
- ●검은띠애기나방 ······················ 50
- ●검은물잠자리 ························ 87
- ●검은배네줄면충 ······················ 58
- ●검정날개거위벌레 ········ 38·118·119
- ●계요등유리나방 ·················· 52·53
- ●고동털개미 ························ 20·21
- ●고치벌류 ······························ 51
- ●굴벌레나방 ···························· 33
- ●굴참가는나방 ··················· 132·133
- ●귀매미 ·························· 80·81
- ●귤굴나방 ···························· 136·137
- ●기생벌 ············ 109·115·133·137
- ●기생파리 ······················· 75·101
- ●긴깍지벌레류 ·························· 22
- ●긴호랑거미··················· 23·87·142
- ●까마귀 ································ 157
- ●꼬리거미 ································ 23
- ●꼬마쌍살벌 ···························· 69
- ●꽃무늬밤나방 ·························· 22
- ●꽈리허리노린재 ······················ 23

ㄴ
- ●나무껍질밤나방 ······················ 50
- ●남녘납거미 ··························· 143
- ●남방남색부전나비 ············ 106·107
- ●남방노랑나비 ························ 87
- ●남방차주머니나방 ··················· 38
- ●넉점박이풀잠자리 ············· 22·51
- ●넓은잎조롱나무진딧물 ············ 59
- ●넓적배사마귀 ··················· 22·87
- ●네모집날도래류 ····················· 147
- ●네줄애기잎말이나방 ··············· 59
- ●노랑나비 ································ 41
- ●노랑등에류 ···························· 22
- ●노랑쐐기나방 ·························· 50
- ●노랑털알락나방 ······················ 22

ㄷ
- ●다갈색밤나방 ·························· 51
- ●단풍뿔거위벌레 ···················· 129
- ●달팽이 ································ 156
- ●대나무뿔잎벌레 ··············· 138·139
- ●대나무쐐기알락나방 ····· 51·76·77
- ●대나방 ··························· 47·50
- ●대벌레··································· 38
- ●돌담무늬나비 ············ 42·43·87
- ●동양하루살이 ······················· 155
- ●두눈박이쌍살벌 ······················ 69
- ●두더지 ································· 83
- ●두흰점이끼꼬마밤나방 ············ 51
- ●뒤영벌파리매 ·························· 87
- ●들풀거미 ························ 22·142
- ●등검정쌍살벌 ·························· 69
- ●땅강아지 ·························· 82·83
- ●땅거미 ································ 143
- ●때죽납작진딧물 ··············· 54·55
- ●떡갈나무긴다리바구미 ············ 59
- ●띠우묵날도래 ··················· 148·149

ㅁ
- ●말매미 ······························ 85·86
- ●매미기생나방 ·························· 51
- ●매미나방 ·························· 22·23
- ●매미류 ······························ 84·85
- ●매화가지나방 ·························· 95
- ●매화검정유리나방 ··················· 50
- ●먹그늘나비 ······················ 48·49
- ●먹바퀴 ·································· 21
- ●먹조롱박벌 ···················· 100·101
- ●멀구슬애기잎말이나방 ··········· 121
- ●멧누에나방 ···························· 50
- ●명주잠자리 ······················ 24·25
- ●모시긴하늘소 ··················· 78·79
- ●목화명나방 ···················· 124·125
- ●무당거미 ···················· 22·23·143
- ●무당벌레 ······························ 22
- ●무당벌레기생고치벌 ················ 51
- ●무지개납작잎벌 ······················ 91
- ●무지개띠붉은수염나방 ···· 108·109
- ●민가슴바구미 ··················· 14·15
- ●민무늬거미별류 ··················· 115
- ●민민매미 ······························ 86
- ●밑들이메뚜기류 ······················ 39

ㅂ
- ●박새 ································· 43
- ●밤나무산누에나방 ············ 38·50
- ●밤나무혹벌 ···························· 58
- ●방아깨비 ································ 39
- ●배검은꼬마개미 ···················· 139
- ●배자바구미 ···························· 59
- ●배짧은꽃등에 ·························· 39
- ●뱀허물쌍살벌 ·························· 69
- ●범종거미류 ···························· 143
- ●벚나무뿔나방 ··················· 120·121
- ●베짱이붙이 ·················· 39·98·99
- ●벼슬집명나방 ··················· 90·91
- ●별쌍살벌 ································ 68
- ●복숭아명나방 ··················· 36·37
- ●볼록민가슴바구미 ··················· 15
- ●봄매미 ································ 86
- ●봉의꼬리명나방 ··············· 130·131
- ●부처나비 ························ 39·87
- ●붉은줄불나방 ························· 50
- ●블랙하우스스파이더 ·············· 143
- ●빗자루하루살이 ··············· 154·155
- ●빨간여뀌잎벌레 ················ 70·71
- ●뽕나무하늘소 ············ 39·45·97
- ●뾰족부전나비 ························· 87
- ●뿔거위벌레 ···················· 128·129

ㅅ
- ●사각노랑테가시잎벌레 ···· 134·135
- ●사과남방뿔나방 ··············· 104·105
- ●사과독나방 ···························· 51
- ●사마귀 ····························· 22·23
- ●사마귀류 ································ 47
- ●사사키잎혹진딧물 ··················· 58
- ●사향제비나비 ························· 23
- ●산왕거미 ································ 23
- ●상수리껍질밤나방 ··················· 37
- ●새똥거미 ································ 22
- ●소금강귀매미 ························· 87
- ●소바구미 ·························· 26·27
- ●쇠무릎혹파리 ························· 59
- ●수염치레각날도래 ·········· 144·145
- ●쌍무늬먼지벌레 ··············· 77·117
- ●쌕쌔기류 ······························ 101
- ●쑥혹파리 ································ 59

ㅇ
- ●알락곡식좀나방 ······················ 51
- ●알락굴벌레나방 ··············· 32·33
- ●알락하늘소 ···························· 39
- ●알팔파바구미 ··················· 40·41

암청색줄무늬밤나방 …………… 18·19	저녁매미………………………… 86	큰날개매미충기생나방 …………… 50
애기사마귀 ……………………… 22	점박이꽃무지 …………………… 51	큰날개초록쐐기나방 …………… 51
애매미 ………………………… 66·67·86	제주꼬마팔랑나비 ……………… 113	큰멋쟁이나비 ………………… 102·103
애사슴벌레 …………………… 30·31·38	●제주어리염낭거미 ……………… 115	큰뱀허물쌍살벌 ………………… 69
●애어리염낭거미 ……………… 114·115	조롱나무잎진딧물 ……………… 58	큰별쌍살벌 ……………………… 69
애흰무늬독나방 ………………… 50	조롱박벌 ……………………… 28·29	●큰새똥거미 ……………………… 23
어리꼬마팔랑나비 …………… 112·113	◐조류 …………………………… 157	큰쌍줄푸른밤나방 ……………… 50
어리상수리혹벌 ………………… 59	좀남색잎벌레 …………………… 23	큰호리병벌 …………………… 62·63·65
어리여치 ………………………… 111	좀말벌 …………………………… 69	(ㅌ)
어리여치류 …………………… 110·111·123	좀사마귀 ………………………… 23	털매미 …………………………… 86
어리장수잠자리 ……………… 152·153	좁쌀사마귀 ……………………… 22	●텐트거미 …………………… 22·142
어리호박벌 ……………………… 39	주둥무늬차색풍뎅이 …………… 87	(ㅍ)
얼룩무늬꼬마비단벌레 ………… 135	줄나비 …………………………… 87	파리매 …………………………… 23
●여덟혹먼지거미 ………………… 142	줄노랑꼬마밤나방 ……………… 125	팽나무뾰족혹파리 ……………… 58
연물명나방 …………………… 150·151	줄녹색박각시 …………………… 39	푸른빛집명나방 ………………… 95
오배자면충 ……………………… 59	줄무늬감탕벌 …………………… 64·65	푸른측범잠자리 ………………… 87
왕꽃벼룩 ………………………… 61	줄무늬납작잎벌 ………………… 91	(ㅎ)
왕사마귀 ………………………… 87	줄점팔랑나비 …………………… 113	하늘소 ………………………… 96·97
왕우렁이 ………………………… 23	줄허리들명나방 ……………… 116·117	하늘소류 ……………………… 44·45
왕청벌 …………………………… 65	●중백금거미 ……………………… 142	●해골거미 …………………… 23·142
왜콩풍뎅이 …………………… 12·13·15·38	지렁이류 ………………………… 67	호두나무잎벌레 ………………… 23
외줄면충 ………………………… 58	진딧물류 ………………………… 21	●호랑거미 …………………… 22·23·142
외줄잎벌레 ……………………… 43	집바퀴 …………………………… 22	호리병벌 ………………………… 123
외혹파리 ………………………… 59	(ㅊ)	호리병벌류 …………………… 53·64·65
우묵날개원뿔나방 ……………… 94·95	차독나방 ………………………… 16·17	호박달팽이 ……………………… 156
유리산누에나방 ………………… 50	참나무꽃솜혹벌 ………………… 59	황다리독나방 …………………… 22
유지매미 ……………………… 85·86·87	참나무노린재 …………………… 22	황다리호리병벌 ………………… 64·65
●은먼지거미 ……………………… 143	참나무산누에나방 …………… 22·39·51	황말벌 …………………………… 68
은무늬모진애기밤나방 ………… 51	참나무순사과혹벌 ……………… 56·57	황알락노린재 …………………… 22
은빛들명나방 …………………… 34·35	참나무순혹빌 …………………… 59	황알락팔랑나비 ………………… 113
은재주나방 ……………………… 50	참나무잎붉은혹벌 ……………… 58	황오색나비 ……………………… 87
●응달거미 ………………………… 143	참나무잎털혹벌 ………………… 59	황줄왕잠자리 …………………… 87
이대창날개뿔나방 ……………… 140·141	참나무하늘소 …………………… 45·97	황줄점갈고리나방 ……………… 92·93
인동갈고리좀나방 ……………… 51	참나무혹벌 ……………………… 59	황테감탕벌 …………………… 60·61·125
일본날개매미충 ………………… 99	참식나무혹파리 ………………… 58	흑백알락나비 …………………… 87
일본민무늬거미벌 ……………… 115	참주둥이왕진딧물 ……………… 21	흰깨다시하늘소 ………………… 45
일본외발톱바구미 ……………… 72·73	●창거미 ………………………… 22	●흰눈썹깡충거미 ………………… 93
(ㅈ)	창나방 ………………………… 126·127	흰띠알락나방 …………………… 74·75
자루맵시벌 ……………………… 50	채다리날도래류 ……………… 146·147	흰점하늘소 ……………………… 78·79
자루맵시벌류 …………………… 50	천막벌레나방 ………………… 22·88·89	흰털쑥잎혹파리 ………………… 59
작은날개어리여치 ……………… 111	청동풍뎅이 ……………………… 38	흰테주둥이노린재 ……………… 103
작은점노랑재주나방 …………… 46·47	청띠제비나비 …………………… 87	
장수말벌 ………………………… 69	춤뭉뚝날개나방 ………………… 51	
장수잠자리 ……………………… 87	칠성무당벌레 ………………… 23·41	
장수풍뎅이 ……………………… 38	(ㅋ)	
●재래꿀벌 ………………………… 68	콩잎말이명나방 ……………… 122·123